청소년을 위한

생활과 윤리

교과서 밖으로 나온 윤리 이야기

청소년을 위한 **생활과 윤리**

초판 1쇄 발행 2017년 9월 15일
초판 4쇄 발행 2023년 9월 1일

–

지은이 박찬구 · 변희순 · 전정화
펴낸이 이방원
책임편집 정조연 **책임디자인** 손경화
마케팅 최성수 · 김 준 **경영지원** 이병은

–

펴낸곳 세창출판사

신고번호 제1990-000013호 **주소** 03736 서울시 서대문구 경기대로 58 경기빌딩 602호
전화 02-723-8660 **팩스** 02-720-4579 **이메일** edit@sechangpub.co.kr **홈페이지** http://www.sechangpub.co.kr
블로그 blog.naver.com/scpc1992 **페이스북** fb.me/Sechangofficial **인스타그램** @sechang_official

–

ISBN 978-89-5586-502-8 43190

교과서 밖으로 나온 윤리 이야기

청소년을 위한
생활과 윤리

박찬구 · 변희순 · 전정화 지음

세창미디어

머리말

복잡한 현대 사회에서 인간으로서 훌륭하게 잘 살아가기 위해서는 우리가 직면한 여러 가지 윤리 문제들을 다양한 측면에서 정직하게 살펴볼 필요가 있습니다. 그러한 점에서 이 책은 고등학교 윤리 교과의 교수학습 내용을 한층 풍부하게 만드는 데 기여할 수 있으리라는 기대와 함께 만들어졌습니다. 학생들에게는 일정 수준의 깊이를 지니면서도 쉽고 재미있는 읽을거리를 제공하고, 선생님들에게는 문제의 이론적 배경과 구체적인 사례를 명시明示해 드리려는 뜻을 담았습니다.

이 책은 비교적 신설 과목(2012년에 처음 개설)이라 할 수 있는 〈고등학교 생활과 윤리〉의 내용을 보완하는 측면도 있지만, 어떤 점에서는 〈생활과 윤리〉 과목이 지향하는 학습 경험을 학생들 스스로 해 나가도록 하는 동기를 제공할 수 있을 것입니다. 이 책을 통해 학생들이 '삶을 위한 윤리 공부'의 보람된 체험을 할 수 있기를 기대합니다.

공동저자 박찬구는 사범대 윤리교육과 교수로서 다양한 윤리 문제의 이론적 배경을 검토하는 역할을 하였고, 변희순은 22년 경력의 중견 윤리교사로서 오랜 현장 경험에서 나온 식견을 반영하였으며, 전정화는 5년 경력의 신예 윤리교사로서 학생들 눈높이에 맞는 글쓰기를 하는 데 힘을 보탰습니다.

부디 공동저자들의 장점이 시너지 효과를 내어 〈생활과 윤리〉 시간에 만나는 선생님과 학생들이 우리의 윤리 문제들을 더욱 깊게 이해하고 더욱 재미있게 배우는 데 이 책이 도움이 되었으면 하는 바람을 가져 봅니다. 아울러 〈생활과 윤리〉 과목이 현장에서 더욱 유익하고 인기 있는 과목으로 자리 잡게 되기를 염원합니다.

2017년 8월

공동저자 박찬구, 변희순, 전정화

차 례

1장

윤리 이론

최근 방영된 〈도깨비〉라는 드라마의 한 장면입니다. 주인공 은탁이 자동차를 운전해 교차로를 지날 때, 왼편 비탈길에 서 있던 트럭이 브레이크가 풀린 상태로 빠르게 미끄러져 내려오는 것을 발견합니다. 그리고 트럭의 진행 방향인 자신의 오른편에는 유치원 버스가 정차해 아이들을 승차시키고 있음을 보게 됩니다. 이대로라면 트럭은 유치원 버스와 부딪칠 것이고 많은 아이들이 죽거나 다칠 것입니다. 그녀는 잠시 망설이다가 트럭의 진행을 막기 위해 자신의 차로 트럭 앞을 막아서고, 이에 돌진하던 트럭은 은탁의 차를 대파한 후 멈추어 섭니다. 이로써 유치원 아이들은 무사히 위험을 넘기지만 은탁은 결국 죽음에 이릅니다. 이 사고 소식을 접한 시민들은 그녀가 천사가 아니었을까 생각합니다.

비록 드라마의 장면이기는 해도 이를 통해 우리는 인간의 선한 본성을 확인하고 큰 감동을 받게 됩니다. 이처럼 특별히 배우지 않더라도 많은 경우에 우리는 무엇이 선이고 무엇이 악인지를 어렵지 않게 알 수 있습니다. 그러나 복잡한 오늘날의 삶 속에서는 선과 악, 옳고 그름을 쉽게 판단할 수 없는 경우도 생깁니다. 윤리학의 가치는 여기서 빛을 발합니다. 우리가 윤리학을 활용하여 도덕 문제를 다룰 수 있다면 좀 더 나은, 훌륭한 결정을 할 수 있습니다. 또한 우리는 혼란스러운 삶 속에서 과연 어떻게 사는 게 옳은 것인지 고민에 빠질 때가 있습니다. 이러한 도덕적 딜레마 상황에서 윤리학은 우리가 올바른 결단을 내리는 데 도움을 줄 수 있을 것입니다. 자, 그러면 이제부터 윤리학 공부를 시작해 볼까요.

윤리학을 공부하는 이유

윤리倫理라는 한자어에서 '윤倫'은 '사람 인人'과 '뭉치 윤侖'을 합해서 이루어진 글자로서 인간 집단, 즉 사람의 무리를 의미합니다. 그리고 '리理'는 이치나 도리를 뜻합니다. 그러므로 물리物理가 사물의 이치를 다루는 것처럼 윤리倫理는 인간관계의 이치, 즉 인간 사회의 도리를 다룬다고 말할 수 있을 것입니다. 한편, 도덕道德이라는 한자어에서 '도道'는 '길 또는 사람이 마땅히 행해야 할 도리'를 뜻합니다. 또 '덕德'은 '윤리적 이상을 실현해 나가는 인격적 능력'을 의미합니다. 따라서 '도덕'은 '인간이 마땅히 해야 할 도리를 깨달아 그것을 실천할 수 있는 능력'이라 풀이할 수 있을 것입니다. 윤리·도덕이라는 말의 어원적 탐구를 통해서 우리는 '윤리학'이란 '인간이 살아가면서 마땅히 추구해야 할 도덕적 가치와 규범을 탐구하고 그것을 실천하기 위한 학문'이라고 말할 수 있습니다.

어원상 '윤리(ethics)'와 '도덕(moral)'이라는 말은 '습관' 또는 '풍습'이라는 의미를 지니며, 엄밀하게 같은 뜻을 지닌 말은 아닙니다. 그러나 우리의 일상생활에서 이 두 말은 거의 같은 뜻으로 사용되는 경우가 많고, 대체로 학자들도 그 구별을 크게 문제 삼지 않습니다. 다만 일반적으로 '인간 사회의 규범'을 의미할 때는 '윤리'라는 표현을 많이 쓰고, '개개인의 착한 심성이나 덕행'을 가리킬 때는 '도덕'이라는 표현을 많이 사용하는 경향이 있지요.

그런데 위 드라마의 예에서 볼 수 있듯이, 우리는 특별히 배우지 않더라도 무엇이 옳고 그른지를 대체로 알고 있지 않나요? 만일 누구나 착한 행동이 어떤 것인지 알고 있으며, 선악이나 옳고 그름이 보통 사람이라면 누구나 알 수 있는 평범한 것에 불과하다면, 도대체 그것을 학문적으로 탐구해야 할 이유는 뭐죠? 학문적 탐구란 평범한 사고 능력 이상의 복잡하고 정교한 추론이 요구될 때 필요한 것 아닌가요? 이러한 의문에 대해 철학자 칸트는 다음과 같이 대답합니다.

> [평범한 사고 능력이 지닌] 순진무구함은 좋은 것이지만 [교묘한 말장난으로부터] 자신을 지켜 내기가 힘들고 또 쉽게 유혹에 빠질 수 있기 때문에 학문을 필요로 한다.[1]

1 칸트, 『도덕형이상학 정초』, 22쪽[바이셰델(W. Weischedel)이 편집한 칸트 전집 초판본의 쪽수에 따름].

칸트에 따르면, 도덕의 기본 원칙은 비교적 간단하지만 그것을 실천하는 일은 쉽지 않습니다. 인간의 타고난 욕망이 그 욕망을 충족시키는 행위를 하도록 끊임없이 충동질하기 때문입니다. 설사 스스로의 노력으로 자기 내면에서 일어나는 욕망은 어떻게 극복할 수 있다 하더라도, 이미 욕망의 유혹에 빠져 버린 사람들이 욕망 충족의 즐거움을 미끼로 유혹하는 것까지 극복하는 일은 정말 쉽지 않다는 것입니다. 이미 자신을 욕망의 유혹에 내맡긴 사람들은 다른 사람들까지 자신들과 비슷한 공범자로 만듦으로써 자신들의 죄책감을 덜고자 하기 때문입니다.

이런 식으로 도덕 대신 욕망의 길을 걷기 시작하는 순간 온갖 변명들이 생겨나게 됩니다. 어떤 것이 옳은 행동인지를 뻔히 알고 있으면서도 "인간은 유한한 존재이므로 그 정도는 어쩔 수 없는 것 아니냐?"라든지 "나도 그렇게 하고는 싶지만 힘이 조금 모자란다" 따위의 변명을 늘어놓으면서 도덕적인 행동을 회피하려 듭니다. 그래도 이 정도로 변명하는 것은 최소한의 양심은 남아 있는 태도라 할 수 있습니다. 때로는 여기서 더 나아가 "오로지 내 욕망을 충족하는 것만이 중요할 뿐, 도덕이라는 것은 원래 없는 것, 즉 하나의 허구일 뿐이다"라는 뻔뻔스러운 결론에 이르기도 합니다.

단순한 진리를 지키기 위해 복잡한 논의가 필요하다는 것은 역설적으로 들립니다. 하지만 이것은 피해 갈 수 없는 과정입니다. 온갖 궤변과 감언이설이 난무하는 현실 속에서 이러한 것들에 맞서 도덕의 기본 원칙을 바로 세우고 그것을 지켜 나가는 일은 너무나 중대한 과제이기 때문입니다. 이것이 바로 우리가 윤리학을 공부해야 하는 이유입니다.

여러 종류의 윤리학

윤리학의 종류로는 우선 위에서 언급한 도덕의 기본 원칙을 다루는 '이론윤리학'과 삶의 여러 가지 영역에서 생기는 윤리 문제들을 다루는 '응용윤리학'을 들 수 있습니다. 이 둘은 모두 '규범윤리학'에 속하는데, 우리가 보통 '윤리학'이라 하면 대개는 이 규범윤리학을 가리킵니다. 윤리학은 규범윤리학 외에, 아래에서 볼 수 있듯이 기술윤리학과 메타윤리학으로 나눌 수 있습니다.

1. 기술descriptive윤리학
2. 규범윤리학
   1) 이론규범윤리학(=이론윤리학)
   2) 응용규범윤리학(=응용윤리학, 실천윤리학)
3. 분석윤리학(=메타윤리학)

먼저 기술윤리학을 보도록 하겠습니다. 여기서 '기술'은 테크닉이란 뜻이 아니라 '서술한다'라는 의미의 기술記述입니다. 그래서 기술윤리학은 윤리 현상을 있는 그대로 서술하는 윤리학입니다. 생명윤리와 관련된 예를 들어 볼까요. 현재 우리나라 사람들이 안락사를 어떻게 생각하는지, 그리고 우리나라 병원에서 어떤 형태의 안락사가 어떤 조건 아래에서 이루어지고 있는지를 조사할 수 있습니다. 또한 안락사가 네덜란드와 같은 외국의 경우는 어떠한지를 우리나라와 비교하여 연구할 수도 있습니다. 이러한 것들이 기술윤리학의 탐구 활동입니다. 그러나 기술윤리학은 단순히 사실만을 기술하기 때문에, 가치와 당위를 탐구하는 일반적 의미의 윤리학으로 보기 어렵다는 지적을 받기도 합니다.

규범윤리학은 윤리학의 중심 분야로서 인간이 마땅히 따라야 할 도덕규범이 무엇인지를 탐구하는 윤리학입니다. 예를 들어, "안락사는 윤리적으로 허용될 수 있는가?"와 같은 물음이 규범윤리학의 물음입니다. 이 규범윤리학은 윤리학의 중심을 차지하고 있기 때문에 보통 '윤리학'이라 하면 규범윤리학을 뜻한다고 보아도 무방합니다. 그런데 규범윤리학은 다시 이론규범윤리학과 응용규범윤리학으로 구분됩니다.

이론규범윤리학(이하 '이론윤리학'으로 약칭)은 옳고 그름의 보편적 도덕 원리를 탐구하는 윤리학으로 칸트의 의무론, 공리주의, 덕윤리 등이 그 예가 됩니다. 응용규범윤리학(이하 '응용윤리학'으로 약칭)은 실제적인 도덕 문제의 해결을 추구하는 윤리학으로 생명윤리, 환경윤리,

정보윤리 등이 대표적인 예가 됩니다. 그러면 이론윤리학과 응용윤리학의 관계는 어떤 것일까요? 응용윤리학은 구체적인 도덕 문제를 해결하기 위해 이론윤리학의 이론을 도덕 문제에 적용, 응용합니다. 좀 더 자세히 말하자면, 응용윤리학은 실제적인 도덕 문제에서 출발하여 이론윤리학의 이론을 문제에 응용해 보면서 그 문제에 대한 도덕적 입장을 제시하고자 합니다. 이러한 과정에서 응용윤리학은 이론윤리학의 이론에 대해 수정을 요청할 수도 있습니다.

최근 많은 인기를 끌고 있는 응용윤리학은 20세기 후반에 와서야 본격적으로 연구되기 시작했습니다. 윤리학이란 학문은 그 역사가 오래되었지만 응용윤리학은 최근에 등장한 신생 학문이라 말할 수 있습니다. 이러한 응용윤리학은 오늘날 활발히 연구되면서 윤리학의 중요 분야로 자리매김하게 되었습니다.

끝으로 분석윤리학, 즉 메타윤리학을 살펴보겠습니다. 1920년대에 등장한 분석윤리학은 인간이 마땅히 따라야 할 도덕규범이 무엇인지를 탐구하는 데에는 별 관심이 없습니다. 다만 윤리적 언어, 가령 '옳다', '그르다', '좋다', '나쁘다' 등의 의미를 명확히 밝히고 윤리적 논증이나 논변의 논리적 구조를 밝히는 것을 주된 과제로 삼고 있습니다. 이 분석윤리학은 윤리학을 엄밀히 연구하는 데 큰 도움을 줍니다. 그렇지만 구체적인 도덕 문제의 해결이

'메타윤리학(metaethics)'이라는 말에서 '메타(meta)'란 '~뒤에(after)', '~을 넘어(beyond)', '~배후에(behind)'라는 뜻을 지닌 접두어입니다. 따라서 메타윤리학이란 '무엇이 선하고 악한지, 무엇이 옳고 그른지'를 묻는 일반적인 윤리학(즉, 규범윤리학)의 범위를 넘어 '도덕적 지식의 성격과 근거는 무엇인지', '도덕적 속성이라는 것이 과연 존재하는지', '도덕적 언어가 의미가 있는지', 더 나아가 '윤리학 자체가 성립 가능한지'를 문제 삼는 분야입니다.

이들은 누구일까요?

중시되는 현대 사회의 풍토 속에서 분석윤리학은 예전에 비해 주목 받지 못하고 있습니다.

응용윤리학의 주요 이론

응용윤리학은 도덕 원리를 구체적인 현실 분야에 응용하는 윤리학입니다. 실생활과 밀접한 관련이 있는 응용윤리학이니 많은 분야를 포함하여 논의해야 하겠지요. 앞으로 생명, 과학 기술, 가정, 성, 분배 정의, 환경, 예술, 의식주, 사형 등에 관한 윤리적 쟁점에 대해 알아볼 것입니다. 여기서는 그러한 본격적인 공부에 앞서 응용윤리학이 의지하는 주요 이론인 공리주의, 칸트의 의무론, 덕윤리를 살펴보겠습니다.

공리주의

공리주의는 행위의 도덕성을 평가할 때 그 행위가 결과적으로 얼마나 많은 행복을 가져왔는지를 중시합니다. 이러한 공리주의는 구체적인 상황에서 우리가 무엇을 해야 할지를 결정할 때 의지해야 하는 도덕 원칙으로서 "최대 다수에게 최대 행복을 가져오는 행위를 하라"를 제시합니다.

> 공리의 원리란, 모든 행위를 그것이 우리의 행복을 증진시키느냐 혹은 감소시키느냐에 따라 좋다거나 혹은 나쁘다고 평가하는 원리이다. … 공리란 어떤 대상 속의 성질로서 그것이 관련된 당사자에게 이익·편의·쾌락·선·행복을 가져다주고 손해·고통·악·불행이 생기는 것을 방지하는 경향을 가지는 것을 의미한다. 여기서 말하는 행복이란 당사자가 사회 전체일 경우에는 사회의 행복을, 특정한 개인일 경우에는 그 개인의 행복을 가리킨다.
>
> — 벤담, 『도덕과 입법의 원칙에 대한 서론』, 1장 2~3절.

공리주의에 따르면, 행복은 행위의 옳고 그름을 판단하는 최종적인 근거이며 행복 이외의 모든 것은 행복을 얻기 위한 수단으로 간주됩니다. 그래서 어떤 행위가 가져올 행복과 불행의 총량을 따져 보고 가장 많은 양의 행복(행복에서 불행을 뺀 양)을 가져오는 행위가 도덕적으로 옳은 행위로 여겨집니다.

공리주의는 개인의 행복과 함께 사회 전체의 행복을 추구하는 윤리 이론입니다. 특히 행복과 불행의 양을 계산할 때 어떤 사람의 행복도 다른 사람의 행복보다 더 중시되어서는 안 되며 개개인의 행복을 똑같이 존중해야 한다고 봅니다. 인간 평등의 정신을 구현하려는 것입니다. 그러나 최대 행복을 추구하는 과정에서 자칫 개인의 존엄성과 권리를 침해할 수 있기 때문에 공리주의를 적용할 때는 신중해야 합니다.

오늘날 공리주의는 법률을 만들거나 사회정책을 세울 때 중요한

제러미 벤담(Jeremy Bentham)

판단 기준을 제공합니다. 예상되는 비용과 수익을 비교하여 어떤 정책을 수립하는 것이 최대의 행복을 가져오는 데 유리한가를 따지는 것은 공리주의를 바탕으로 한 검토 방식입니다. 예컨대 '성매매특별법'을 제정하고자 할 때, 이 법의 시행으로 성매매 행위가 줄어들고 성매매가 범죄라는 사실을 널리 인식시킬 수 있으리라는 이점뿐만 아니라, 자칫 풍선효과로서 각종 변칙적인 성매매가 증가하고 성매매 여성들의 인권을 보호하기가 더욱 어려워지리라는 해악을 함께 고려하여 결정하는 것 역시 공리주의를 활용하는 것입니다.

칸트의 의무론

공리주의가 행위의 옳고 그름을 판단하는 기준을 행위의 결과에 둔다면, 칸트의 의무론은 그 기준을 행위 자체의 내적 성질에 둡니다. 칸트에 따르면, 어떤 행위가 오직 의무이기 때문에 행해진다면 그 행위는 도덕적으로 옳은 행위입니다. 예컨대 내가 약속을 지킬 때 단지 약속을 지키는 것이 옳다고 믿기 때문에, 달리 말해 약속을 지켜야 한다는 도덕법칙을 따르지 않으면 안 된다는 의무에서 약속을 지킨다면 그 행위는 옳은 행위입니다. 그러나 어떤 보상을 바라고 약속을 지킨다면 그 행위는 도덕적 행위가 될 수 없습니다.

칸트는 도덕이 우리가 무조건적으로 따라야 할 명령, 즉 정언명령에 근거해야 한다고 봅니다. 정언명령은 어떤 목적을 달성하기 위한 수단으로서의 명령이 아니라 그 자체가 목적인 명령입니다. 행복조차 도덕에 우선하는 목적이 될 수는 없습니다. 그러므로 칸트 의무론에서 볼 때 공리주의가 행복을 궁극적 목적으로 여기는 것은 문제가 있습니다.

이마누엘 칸트(Immanuel Kant)

칸트가 제시한 대표적인 정언명령에는 "너 자신의 행위 원리가 보편적 법칙이 되기를 원할 수 있도록 행위하라"와 "너 자신이나 타인의 인격을 단지 수단으로만 여기지 말고, 언제나 동시에 목적으로 대우하라"가 있습니다. 이러한 정언명령은 매우 중요한 두 가지를 담고 있는데, 우리가 응용윤리학을 공부할 때에도 전제하지 않으면 안 되는 사항입니다. 그것은 첫째, 도덕 원리는 모든 사람에게 똑같이 적용되는 보편적 타당성을 지녀야 한다는 것이며, 둘째, 우리는 인간의 존엄성을 굳건히 지켜야 한다는 것입니다.

이 두 가지를 염두에 둔다면 우리 자신의 행위를 바라볼 때 도덕적 관점에서 다음과 같은 질문을 던질 수 있을 것입니다. "나의 이러한 행위는 다른 모든 사람이 나와 똑같이 행위한다고 하더라도 내가 여전히 원할 수 있는가?" "나의 이러한 행위는 목적 자체인 인간의 존엄성을 지키는 것인가, 아니면 어떤 목적을 위해 타인을 수단으로 삼는 것인가?"

이와 같은 질문은 응용윤리학에서 벌어지는 논쟁에서 적절히 사용될 수 있습니다. 가령 성윤리와 관련하여 자유분방한 성행위를 주장하는 사람에게 "자유분방한 성행위를 하는 사람이 당신의 가족일 경우에도 당신은 여전히 이러한 행위를 찬성할 수 있는가?" 혹은 "당신의 입장이 인간을 목적 그 자체로 존중하는 것이 아니라 단지 어떤 욕구 충족을 위한 수단으로 여기는 것은 아닌가?"라고 물을 수 있습니다.

덕윤리

동양과 서양 모두 고대에는 인간의 덕성을 중시하는 덕윤리가 윤리의 중심이었습니다. 그러나 서양 근대에서 공리주의와 칸트 의무론이 윤리학의 주류가 되면서 덕윤리는 그 존재감이 다소 약해졌습니다. 오늘날 응용윤리학에서도 공리주의와 칸트 의무론은 큰 영향력을 발휘하고 있습니다. 그런데 무조건적 의무를 중시하는 칸트 의무론과 결과적 이익을 중시하는 공리주의는 인간 삶의 실제적 문제 상황에서 서로 대립하는 주장을 내세울 수 있습니다. 예를 들어 의사가 환자를 진료하며 알게 된 환자의 개인정보를 다른 사람에게 공개함으로써 큰 피해를 예방할 수 있다면, 환자의 동의 없이 그렇게 해도 될까요? 혹은 의사가 환자에게 거짓말하는 것이 병세가 악화되는 것을 막을 수 있다면 의사는 환자에게 선의의 거짓말을 해도 될까요? 이런 물음에 대하여 공리주의와 칸트 의무론은 서로 다른 조언을 할 수 있습니다.

오늘날 우리가 덕윤리를 주목하는 것은 우선 덕윤리가 공리주의와 칸트 의무론의 갈등을 해소할 대안이 될 수 있으리라 기대하기 때문입니다. 다음으로 도덕적 문제 상황을 해결하는 데에는 관련된 사람들의 인성人性이 큰 영향을 미친다는 판단이 공감을 얻고 있기 때문입니다. 가령 도덕을 실천하기 위해서는 학생들에게 도덕 원칙을 가르치는 일보다 그들의 인성을 훌륭하게 함양하는 일이 더 중요하다고 보는 것입니다.

아리스토텔레스(Aristotle)
아리스토텔레스는 덕윤리를 대표하는 고대 그리스 철학자이다.

대체로 덕윤리는 행위의 옳고 그름을 판단하는 근거인 도덕 원칙보다 널리 인정되는 덕 있는 인격 모델을 중시합니다. 왜냐하면 다양하고 복잡한 상황 속에서는 어떤 고정된 도덕 원칙이나 규칙에 의존하는 사람보다 그 상황에서 가장 적절한 행위를 선택하고 굳건히 실천하는 덕 있는 사람이 더 요구된다고 보기 때문입니다.

그래서 덕윤리는 일차적으로 도덕 원리에 호소하기보다 바람직한 인간 공동체를 만들고 발전시키는 데 필요한 여러 덕목들(인간 존중, 성실, 정직, 절제, 공정 등)을 제시하고 이상적인 인격 모델을 설정하여 이를 사람들이 본받도록 하는 데 주안점을 두고 있습니다.

이번 장에서 우리는 윤리학을 공부하는 이유와 윤리학의 종류를 살펴보았고, 응용윤리학의 토대가 되는 이론윤리학의 대표적 예로 공리주의, 칸트의 의무론, 덕윤리를 공부하였습니다. 공리주의가 도덕 문제를 다룰 때 좋은 결과를 강조하고, 칸트의 의무론이 보편적 도덕법칙과 인간 존엄성을 중시한다면, 덕윤리는 행위자의 덕 있는 성품을 무엇보다 중시한다고 말할 수 있습니다. 이렇게 이론윤리학의 기초를 튼튼히 쌓았으니 다음 장부터는 실생활의 여러 분야에서 만나는 구체적인 사례들을 하나씩 살펴보며 공부해 봅시다.

생각해 볼 문제

1. 다음 글의 '당신'에게 어떤 조언을 해 줄 수 있을까요? 공리주의와 칸트 의무론의 입장에서 각각 생각해 봅시다.

> 당신이 죽어 가는 백만장자와 함께 어떤 섬에 있다고 가정해 보자. 그는 당신에게 마지막 소원 한 가지를 들어달라고 간청한다. "나는 전 생애를 야구에 헌신해 왔고, 지난 50년 동안 뉴욕 양키즈 팀을 응원하면서 커다란 즐거움을 얻었습니다. 이제 나는 전 재산인 200만 달러를 양키즈 팀에 기부하고자 합니다." 그는 돈이 든 상자를 가리키며 말한다. "당신이 이 돈을 양키즈 구단에게 전해 주시겠습니까?" 당신이 그의 소원을 들어주겠다고 하자, 그는 안도와 감사의 미소를 지으며 죽음을 맞이한다. 이후 뉴욕으로 온 당신은 기아선상에 있는 동아프리카 10만 명의 사람을 구하기 위해 200만 달러를 모금한다는 신문 광고를 보게 된다. 그 광고는 당신이 전적으로 신뢰하는 자선 단체가 낸 것이다. 200만 달러가 있다면, 굶주리는 사람들의 목숨을 구할 뿐만 아니라 지속 가능한 경제를 건설하는 데 필요한 장비와 비료도 구입할 수 있다. 이제 당신은 죽은 양키즈 팬과 한 약속을 다시 생각해 보기로 결심한다.
>
> —포이만 · 피저, 박찬구 외 역,
> 『윤리학: 옳고 그름의 발견』, 울력, 2011, 197~198쪽.

2. 다음 글은 응용윤리의 주요 이론들 중 어떤 입장에 서 있는지 말해 봅시다.

대부분의 의사들은 의료 행위를 하는 가운데 자신의 환자에 의해 신뢰받고 사랑받기를 원하며, 또 그래야만 한다고 생각한다. 그러므로 비록 의료의 과학화 현상이 날로 심각해지고 있다 하더라도 여전히 의과 대학생들은 뛰어난 의학 지식과 기술은 물론이고 거기에다 환자에 대한 애정과 배려하는 마음을 가진 인간적인 의사의 모습을 이상적인 의사의 모델로 생각한다. 따라서 어린 의사들은 보다 훌륭한 의사들의 품성과 덕들을 본받기를 원하며, 또한 자신의 실제 경험을 통하여 의료에서 요청하는 의사의 품성과 덕에 대한 새로운 기준을 형성하고자 한다. 이러한 점에서 의료에서의 덕은 단지 행동의 규제를 위해 객관적으로 제시되는 기준들로부터 나오는 것이 아니며, 자신의 덕과 품성의 함양을 통하여 더 높은 도덕적 행위를 하고자 하는 행위자의 노력을 통해 형성된다고 할 수 있을 것이다. … 의료에서의 덕은 환자의 건강 획득을 위한 의료의 목적이 더욱더 잘 실현될 수 있도록 하는 데 크게 이바지할 수 있을 것이다.

— 김진경, "의료에 관한 담론 속의 생명의료를 위한 덕", 『철학논총』 53, 2008, 122쪽.

2장 안락사와 연명치료 중단

2014년 후반, 스물아홉 살의 미국인 브리트니 메이나드는 스스로 죽음을 결정했다고 밝힌 영상을 인터넷에 올려 화제가 되었습니다. 말기 뇌종양으로 6개월 시한부 인생을 선고받은 그녀는 악성 뇌종양이 자신을 천천히 고통스럽게 죽음으로 이끈다는 말을 듣고 안락사를 결심하게 되었지요. 뒤에 나올 표에서 알 수 있듯이 여러 나라(미국의 경우 여러 주)에서 안락사를 허용한 시기는 다릅니다. 캘리포니아주에 살고 있던 메이나드는 당시 안락사가 허용되는 오리건주로 이사한 다음 가족들이 지켜보는 가운데 죽음을 맞이했습니다. 그녀의 선택은 도덕적으로 승인될 수 있을까요?

안락사를 어떻게 볼 것인가의 문제는 응용윤리학의 한 분야인 생명윤리학에서 논의된답니다. 생명윤리학은 도덕 원리를 생명의 영역에서 발생하는 구체적인 문제들에 적용하는 학문입니다. 이러한 생명윤리학은 1990년대 들어 크게 주목을 받습니다. 의학과 생명과학기술이 발달함으로써 새롭게 등장한 문제들이 그만큼 복잡해지고 어

안락사 허용 연도	안락사 허용 국가(주)
1942	스위스
1998	미국 오리건주
2002	네덜란드, 벨기에
2008	미국 워싱턴주
2009	룩셈부르크, 미국 몬태나주
2013	미국 버몬트주
2014	캐나다 퀘벡주
2015	미국 캘리포니아주
2016	프랑스

려워졌기 때문이지요. 인간배아복제, 줄기세포 연구, 낙태, 안락사 및 연명치료 중단, 뇌사와 장기이식, 유전자 조작 등은 관련 전문가들뿐만 아니라 일반인들도 관심을 가져야 할 만큼 우리 삶에 큰 영향을 미치고 있습니다. 이번 장에서는 안락사 및 연명치료 중단에 관한 여러 문제를 살펴보도록 해요.

안락사는 무엇일까요?

안락사는 영어로 'euthanasia'라고 합니다. '좋은'을 의미하는 그리스어 'eu'와 '죽음'을 의미하는 그리스어 'thanatos'가 합쳐진 말입니다. 글자 그대로 보면 안락사는 '좋은 죽음' 또는 '편안한 죽음'을 의미합니다. 그런데 많은 사람들이 두려워하는 죽음에 대한 수식어로 왜 '좋은'이나 '편안한'이 붙는 것일까요? 오늘날 의료 현장에서 '회복 불가능한 혼수상태의 환자나 치유될 수 없는 질병으로 죽음을 앞둔 환자의 고통을 덜어 주기 위해 그를 죽음에 이르게 하는 것'을 두고 '편안한[안락] 죽음[사]'이라 칭하게 된 것입니다.

안락사는 두 가지 기준으로 나누어 볼 수 있습니다. 환자의 의사 표현 여부에 따라 자발적voluntary 안락사와 비자발적non-voluntary 안락사로 구분할 수 있습니다. 또 안락사를 시행하는 의사의 태도에 따라 적극적 안락사와 소극적 안락사로 나눌 수 있습니다. 이 네 가지 안락사의 의미를 좀 더 살펴보겠습니다.

첫째, 자발적 안락사는 환자의 자발적 의사에 의해 이루어지는 안락사를 말합니다. 치료 불가능한 상태에 있는 환자 본인이 안락사를 원한다고 밝혀 실시된 경우를 말하지요. 그런데 환자가 판단하고 의사소통하는 능력을 완전히 잃은 경우에도 자발적 안락사가 성립할 수 있을까요? 이러한 능력을 상실하기 전에 사전의료의향서advanced directives 등을 통해 자신의 의사를 분명히 밝혀 놓았다면 자발적 안락사로 인정될 수 있습니다.

둘째, 비자발적 안락사는 환자가 삶과 죽음 사이의 선택을 이해할 능력이 없는 경우의 안락사를 말합니다. 태어날 때부터 불치병에 걸린 신생아나 중증의 심신 장애인에게는 본인의 의사를 확인하기가 어렵지요. 또 과거에 안락사에 대한 어떠한 의사도 표시하지 않았고, 현재는 식물인간 상태여서 판단 능력을 상실한 경우에 실시되는 안락사가 비자발적 안락사에 해당합니다.

셋째, 적극적 안락사는 의사가 환자의 죽음을 처음부터 의도하고 직접적으로 죽음을 유발하는 안락사를 말합니다. 예를 들어 환자에게 독극물을 투여하여 죽음에 이르게 하는 것이 여기에 해당합니다. 적극적 안락사는 우리나라를 포함하여 대부분의 나라에서 불법 행위로 금지되어 있는데요, 실제로 미국에서는 적극적 안락사를 시행한 의사가 살인죄로 수감되기도 하였습니다.

> 1990년에 잭 케보키언 박사라는 미국 미시건 주 출신의 은퇴 병리 의사가 자살 기계(일명 머시트론)를 고안했다. 첫 번째 모델은 쇠막대 하나에 세 개의 병이 연결된 모양을 하고 있었다. 우선, 링거 바늘을 통해 환자의 정맥으로 생리 식염수를 흘려보낸 다음, 환자가 스위치를 돌리면 강력한 진정제인 티오펜탈이 주사되고 환자는 의식을 잃게 된다. 60초 후에 염화칼륨 용액이 뒤따라 흘러들고 나면 몇 분 내에 심장이 멎어 환자는 죽는다. … 케보키언은 병세로 보아 회복될 가능성이 전혀 없고 고통이 계속될 때 환자 본인이 원하면 안락사를 돕는 것이 의사의 임무이며, 이 때문에 감옥에 간다 해도 조금도 두렵지 않다고 말했다.
>
> — 구영모 엮음, 『생명의료윤리』, 동녘, 2004, 64~65쪽.

넷째, 소극적 안락사는 죽음을 앞둔 환자의 병이 진행되는 것을 막는 의학적 조치를 하지 않음으로써 환자를 '죽음에 이르도록 내버려 두는 것'을 말합니다. 투약을 하지 않거나 생명 유지 장치를 더 이상 사용하지 않음으로써 환자를 자연스러운 죽음에 내맡기는 것이 소극적 안락사입니다. 소극적 안락사는 '무의미한 연명치료의 중단'과도 연결되니 다음 절에서 자세히 다루도록 하겠습니다.

이상으로 안락사의 네 가지 종류를 소개했습니다. 이러한 안락사는 윤리적으로 허용될 수 있을까요? 우리가 안락사를 승인할 수 있다면 그 이유는 무엇이며, 그럴 수 없다면 그 근거는 무엇일까요? 안락사 찬반의 여러 견해 중 대표적인 것을 아래에서 살펴보도록 하지요.

실제 사례를 보면 안락사의 종류 가운데 어느 하나에 정확하게 해당하지 않고 몇 가지 종류가 혼재된 경우가 있습니다.

안락사를 허용해야 할까요?

안락사를 찬성하는 견해들

① 자유주의적 견해: '자기 결정권'과 '자율성 존중의 의무'에 근거하여 자발적 안락사를 찬성하는 견해가 있습니다. 이 견해에 따르면 인간은 자신의 생명을 자신이 원하는 방식으로 처분할 권리를 지니며, 다른 사람들은 그 사람이 행사하는 자율성을 존중해야 할 의무를 지

닙니다. 따라서 환자가 자유롭게 안락사를 선택한다면 우리는 그의 결정을 존중해야 한다는 것입니다. 자유주의적 견해는, 환자가 안락사와 관련한 충분한 정보를 확인한 상태에서 안락사를 자발적으로 선택했다면 이때 행해지는 안락사는 정당하다고 봅니다. 도입부에서 만났던 메이나드 또한 자유주의적 입장에서 안락사를 원했다고 볼 수 있겠죠.

그러나 인간이 자신의 죽음을 선택할 권리를 가지는지, 죽음을 선택하는 것이 과연 현명한 판단인지에 대해서 문제가 제기될 수 있습니다. 인간에게는 살 권리뿐만 아니라 자살할 권리도 있다고 보는 것이 올바른 관점일까요? 칸트는 인간이 고통스러운 감각에서 벗어나기 위해 존엄한 인격체인 자신의 생명을 끊겠다고 내린 판단을 결코 보편화될 수 없는 것으로 보았습니다. 여러분은 어떻게 생각하나요?

② 이타주의적 견해: 안락사는 불치의 병으로 고통받는 환자를 고통에서 벗어나게 해 주는 이타적 행위가 되기 때문에 안락사를 찬성하는 견해가 있습니다. 이 견해는 안락사를 고의적 살인으로 보기보다 극심한 고통을 덜어 주는 이타적 행위로 봅니다. 이 견해에 따르면, 소극적 안락사와 적극적 안락사가 모두 허용될 수 있습니다. 환자를 고통에서 벗어나게 해 준다는 목적 달성을 위해 상황에 따라 어떠한 방법도 사용할 수 있다고 보는 것입니다.

그렇지만 환자를 참을 수 없는 고통에서 벗어나게 해 준다는 것이 안락사를 정당화하는 이유가 될 수 있을까요? 말기 암은 현대 의학으로 치유가 불가능하고 환자에게 극심한 고통을 준다고 알려져 있습니다. 이 경우 환자는 고통 속에서 좌절하여 모든 것을 빨리 끝내고 싶다고 생각할 수도 있습니다. 그러나 오늘날에는 고통 완화 요법이 발달하여 임종 환자의 육체적 고통을 줄일 수 있고, 호스피스hospice를 통해 환자에게 심신의 안정을 가져다줄 수 있습니다. 그래서 안락사를 반대하는 사람들은, 진정한 이타주의란 환자에게 죽음을 종용하는 것이 아니라 환자가 죽음에 대한 고통과 두려움을 이겨 낼 수 있도록 지속적인 사랑과 관심을 베푸는 것이라고 봅니다.

호스피스란 죽음을 앞둔 환자의 육체적 고통을 덜어 주는 치료를 하고, 심리적 · 종교적으로 도움을 주어 마지막 삶을 인간답게 누릴 수 있도록 하는 특수 병원, 혹은 말기 환자가 평안한 임종을 맞도록 도와주는 봉사 활동이나 그러한 일을 하는 사람을 가리킵니다. 우리나라는 1978년 강릉 갈바니병원이 처음 도입하였고, 이후 서울 강남성모병원을 중심으로 가톨릭계 병원들로 확산되었습니다.

③ 공리주의적 견해: 안락사가 가져오는 긍정적 결과 때문에 안락사를 찬성하는 공리주의적 견해가 있습니다. 이 견해에 따르면 안락사가 환자의 극심한 고통을 덜어 주고, 환자 가족의 경제적·심리적 부담을 덜어 주며, 한정된 의료 자원의 낭비를 막을 수 있다는 점에서 안락사는 지지를 받습니다.

그러나 존엄한 인간 생명의 가치를 경제적 가치로 환산할 수 있을까요? 만일 이러한 공리주의적 견해가 받아들여진다면, 살 가치가 없다고 임의로 판단된 자를 죽임으로써 사회에 이득이 될 경우, 그러한 살인이 정당화된다는 문제가 제기될 수 있습니다. 그리고 인간 생명의 경중輕重을 따질 수 있는가에 대해서도 숙고해 보아야 합니다. 예를 들어, 죽음을 일주일 앞둔 말기 환자의 생명은 수술을 받고 이제 막 회복하기 시작한 사람의 생명보다 덜 중요한가요? 그래서 말기 환자에게 제공되는 의료적 조치는 의료 자원의 낭비가 되는 것인가요? 병상에 누워 있는 사랑하는 사람을 위해 단 1%의 가능성을 믿고 끝까지 헌신하는 사람들의 존재는 우리에게 돈 이상의 어떤 가치에 대해 알려 주고 있지 않은가요?

안락사를 반대하는 견해들

① 종교적 견해: 신이 인간에게 생명을 주셨기 때문에 우리의 삶과 죽음을 결정하는 권한도 신이 가지고 계시며, 인간은 자신의 생명을 돌보고 다른 사람의 생명을 해치지 않을 의무를 지닌다고 보는 종교적 견해가 있습니다. 이 견해에 따르면 신이 주신 생명은 오직 신만이 가져갈 수 있기 때문에, 인간이 자신이나 타인의 생명을 죽이는 안락사는 허용될 수 없습니다.

이러한 종교적 견해는 특정 종교를 믿는 사람들에게는 설득력을 가질 수 있습니다. 그러나 다른 종교를 믿거나 아예 신의 존재를 믿지 않는 무신론자에게는 설득력이 떨어집니다.

② 전통적 견해: 적극적 안락사와 소극적 안락사를 구분하여 환자

를 '죽음에 이르도록 내버려 두는' 소극적 안락사는 허용하지만 '죽음을 직접적으로 의도하는' 적극적 안락사는 허용하지 않는 견해가 있습니다. 이 견해에 따르면 우리가 무엇을 '하지 않는 행위'보다 '하는 행위'에는 더 큰 도덕적 책임이 따릅니다. 그래서 다른 사정이 동일하다면 사람을 '죽이는 것'은 '죽음에 이르도록 내버려 두는 것'보다 나쁜 것이고, 따라서 소극적 안락사는 일정한 조건 아래에서 허용되지만 적극적 안락사는 허용될 수 없다고 보는 것입니다.

이러한 전통적 견해는 많은 사람들의 지지를 받고 있습니다. 1974년 미국의료협회American Medical Association가 채택한 선언문도 전통적 견해를 보여 주고 있습니다.

> 다른 사람에 의해 한 인간의 생명을 의도적으로 끝내는 것은 의사의 직업정신에 어긋나며, 미국의료협회의 정책과도 어긋난다. 생물학적 죽음이 임박했다는 반박 불가능한 증거가 있을 때, 생명 연장을 위한 특별한 수단의 사용을 멈추는 것은 환자나 그 가족들이 결정할 사항이다. 이들은 의사의 충고와 판단을 자유롭게 활용할 수 있어야 한다.[2]

③ 결과주의적 견해: 일정한 조건 아래서 자발적 안락사를 허용할 수 있다고 생각하지만 일단 안락사가 허용되면 부당한 안락사나 안

2 류지한, "안락사의 윤리적 쟁점", 『철학논총』 31, 2003, 60쪽에서 재인용.

락사를 빙자한 살인 행위가 발생할 수 있기 때문에 안락사를 반대하는 견해가 있습니다. 이것은 안락사의 오남용을 염려하는 견해입니다. 예를 들어, 주변 사람들의 이해관계에 의해 안락사가 악용될 수 있고, 가족이나 친척의 은근한 압력으로 안락사가 사실상 강요될 수도 있습니다. 또한 안락사가 허용되는 풍토 속에서는 환자가 자신의 삶을 쉽게 포기하는 선택을 할 수도 있습니다.

2002년에 안락사를 합법화한 네덜란드에서 최근 안락사 허용 조건을 충족하기가 갈수록 쉬워진다는 비판의 목소리가 나오고 있습니다. 처음에는 안락사를 선택하는 사람들이 대부분 말기 환자였지만, 지금은 우울증, 자폐증, 시력 상실, 심지어는 다른 사람의 보살핌을 받아야 하는 처지를 견디고 싶지 않다는 이유로 안락사를 선택한다는 우려도 나오고 있습니다.[3]

무의미한 연명치료를 중단해야 할까요?

앞에서 소극적 안락사가 무의미한 연명치료의 중단과 관련되어 있다고 언급하였지요. 우리나라를 비롯하여 대부분의 나라가 무의미한 연명치료의 중단을 용인하고 있습니다. 특히 김 할머니 사건으로 인

3 극단으로 치닫는 안락사, 《중앙일보》, 2015. 3. 1.

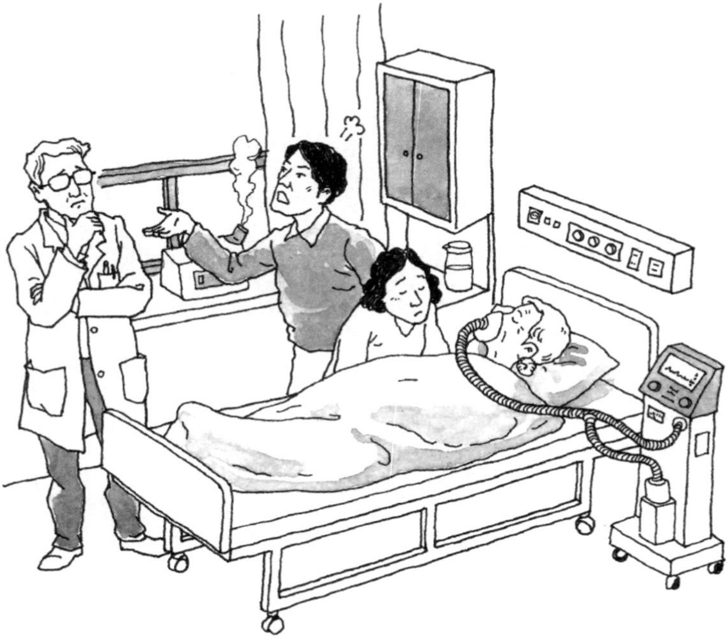

해 우리나라에서도 이 문제에 대한 관심이 높아졌지요. 김 할머니는 2008년 2월 폐암 여부를 확인하기 위해 조직검사를 받다가 과다출혈로 뇌손상이 일어나 식물인간이 되었습니다. 가족들은 무의미한 연명치료를 중단해 달라고 병원에 요청했으나 병원은 이를 거부했습니다. 이에 가족들은 소송을 제기하였습니다. 그리고 2009년 5월 대법원은 국내 최초로 "무의미한 연명치료를 중단하라"는 판결을 내렸습니다. 다음 달 할머니의 인공호흡기가 제거되었지만 예상과 달리 할머니는 스스로 호흡을 하며 200일 이상을 생존하다가 2010년 1월에 사망하였습니다.

위의 사례를 비롯하여 안락사 논의의 핵심 쟁점은 '의사가 고의적으로 환자의 죽음을 의도'한다는 점과 관련됩니다. 가령 환자(혹은 가족)의 뜻에 따라 처음부터 인공호흡기와 같은 연명 장치를 사용하지 않는 경우는 당사자가 자연사를 선택한 것으로서 윤리적으로 문제가 되지 않습니다. 이는 노환의 부모님을 병원에 모시지 않고 집에서 보살피다가 떠나보내는 경우와 같습니다. 그런데 일단 환자가 병원에 입원하여 인공호흡기 착용 등의 연명치료를 받다가 이를 중단하는 것은 문제가 될 수 있습니다. 어쨌든 '죽음을 의도하는' 안락사에 해당하는 게 아니냐는 것입니다. 이 때문에 '적극적으로 죽음을 의도하는' 경우와 '무의미한 연명치료를 중단하는' 경우를 구분해야 한다는 요구가 제기된 것입니다.

연명치료란 죽음을 앞둔 환자에게 행하는 심폐소생술, 혈액 투석, 항암제 투여, 인공호흡기 착용 등의 의학적 시술을 말합니다. 그런데 연명치료를 중단한다고 해도 통증 완화를 위한 의료 행위와 생명 유지를 위한 조치(영양분과 물 공급, 산소의 단순 공급)는 중단되지 않습니다.

사실 무의미한 연명치료를 중단하는 것은 우리나라를 포함하여 거의 모든 나라에서 행해지고 있습니다. 더욱이 우리나라에서는 2016년 2월 '호스피스·완화의료 및 임종과정에 있는 환자의 연명의

료결정에 관한 법률'[4]이 제정되어 말기 환자의 연명치료에 대한 결정을 제도화하였습니다. 따라서 여기서는 무의미한 연명치료 중단에 대한 찬반을 논의하기보다 연명치료를 중단할 때 어떤 점에 유의해야 하는지를 짚어 보도록 하겠습니다.

연명치료 중단 시 유의할 점

김 할머니 사건과 관련한 대법원 판결문을 보면, 연명치료를 중단하는 조건은 환자가 참으로 회복 불가능한 사망 단계에 접어들었는지에 대한 확인, 다시 말해 더 이상의 연명치료가 의학적으로 무의미하다는 판단, 그리고 환자 자신의 치료 중단 의사에 대한 확인입니다. 환자가 사망 단계에 이르렀고 치료가 무의미하다는 판단은 원칙적으로 담당 전문의의 소관이기 때문에 우리는 그의 의견을 존중해야 할 것입니다. 그러나 연명치료 중단은 인간의 죽음과 관련된 중대한 일이고 의사들 간에도 의견 차이가 있을 수 있으므로 병원 윤리위원회의 심의와 결정을 통해 이루어져야 할 것입니다.

환자의 치료 중단 의사를 확인하는 것과 관련하여 대법원 판결문은 환자가 "미리 의료인에게 자신의 연명치료 거부 내지 중단 의사를 밝힌 경우(이하 '사전의료지시'라 한다)에는 비록 치료 중단 시점에서 자

4 이 법률은 유예 기간을 거쳐 2018년 2월 4일부터 시행되었습니다. 보건복지부에 따르면, 법 시행 후 1년 동안 임종 과정의 환자에게 연명의료를 처음부터 시행하지 않거나 중단한 사례는 3만 6224건에 이릅니다.

기 결정권을 행사한 것은 아니지만 사전의료지시를 한 후 환자의 의사가 바뀌었다고 볼 만한 특별한 사정이 없는 한 사전의료지시에 의하여 자기 결정권을 행사한 것으로 인정할 수 있다"고 하였습니다. 환자의 사전의료지시가 어떤 외부 압력에 의한 것이 아니라 환자의 자유로운 의사에 따른 것인지를 확인하는 일도 필요합니다. 또한 유럽생명윤리협약에서처럼 환자에게 반드시 자신의 사전의료지시를 수정·보완할 기회를 주어야 할 것입니다.

이번 장에서는 안락사의 의미와 종류, 안락사에 대한 찬성과 반대 견해, 그리고 무의미한 연명치료의 중단 시 유의해야 할 점에 대해 살펴보았습니다. 마지막으로 "편안하고 좋은 죽음이란 무엇인가"에 대한 성숙한 관점이 드러나는 구절을 함께 읽으며 마무리할까 합니다. 헬렌 니어링의 책 『아름다운 삶, 사랑 그리고 마무리』는 저자의 남편 스코트 니어링이 자신의 죽음을 어떻게 받아들이고 있는가에 대해 말하고 있는데, 이는 우리에게 잔잔하고도 큰 감동을 줍니다.

> 스코트는 자기 힘이 아주 사라지기 전에 가고 싶어 했다. 그이는 자신의 자유의지에 따라 가기를 원했고, 의식을 갖고 또 의도한 대로, 죽음을 선택하고 그 과정에 협조하면서 죽음과 조화를 이루고자 했다. 그이는 죽음의 경험을 피하려고 하지 않았으며 스스로 기꺼이 그리고 편안하게 몸을 버리는 기술을 배우고 실천하기를 기대했다.

죽음으로써 그 자신을 완성할 것이다. … 나는 그이가 곳곳에 생명을 연장시키는 도구로 가득 찬 병원이 아닌 집에서 머무르기를 바란다는 것을 알고 있었다. 그이는 어떠한 약도 먹지 않으려 했고 의사를 피하고 싶어 했다. 그이는 점점 쇠잔해졌고 약해지는 육체를 지속시키는 데 대한 관심이 줄었다. 그이가 더 이상 자기 몫의 짐을 나를 수 없고 자신을 돌볼 수가 없을 때, 그이는 갈 준비를 했다. … 그이는 단식으로 자기 몸을 벗고자 했다. 단식에 의한 죽음은 자살과 같은 난폭한 형식이 아니다. 그 죽음은 느리고 품위 있는 에너지의 고갈이고, 평화롭게 떠나는 방법이자 스스로 원한 것이었다. … 그이는 스스로 육체가 그 생명을 포기하도록 하는 자신의 방법으로 죽음을 준비했다.

— 헬렌 니어링, 이석태 역, 『아름다운 삶, 사랑 그리고 마무리』, 보리, 1997, 208~228쪽.

생각해 볼 문제

1. 다음 글은 비자발적, 소극적 및 적극적 안락사를 찬성하는 견해를 보여 주고 있습니다. 만일 저자의 생각에 동의한다면, 혹은 동의하지 않는다면 그 이유는 무엇인가요?

> 지속적인 식물인간 상태라고 진단된 환자들 중의 아주 소수는 어떤 앎을 가지는 것이 가능하다. 그러나 개선된 영상 기술들 덕분에 우리는 지속적인 식물인간 상태에 있는 많은 환자들에게 의식을 책임지는 두뇌부분에 피의 흐름이 없음을 볼 수 있다. 피의 흐름이 없게 되면, 두뇌는 빠르게 쇠퇴한다. 그리고 이러한 환자들에게서 의식의 존재 혹은 의식의 회복은 명백하게 배제될 수 있다. 일단 지속적인 식물인간 상태에 있는 환자에게 아무런 앎이 없으며, 결코 다시는 어떤 앎을 가질 수 없음이 명백하다면, 그의 생명은 어떤 본질적 가치도 가지지 못한다. 이러한 환자들은 생물학적으로는biologically 살아 있지만 전기적으로는biographically 살아 있는 것이 아니다. 이러한 판단이 가혹해 보인다면, 당신 자신에게 다음 두 선택지 중 어떤 것을 선택할 것인지 물어보라. (1) 즉각적인 죽음 (2) 10년 동안 회복 없이 지내다 죽게 되는 즉각적인 혼수상태. 회복 없이 죽을 것이 확실한데, 혼수상태에서 사는 것에 어떤 이점이 있는지 나는 모르겠다.
>
> — 피터 싱어, 황경식 · 김성동 역, 『실천윤리학』, 연암서가, 2013, 299~300쪽.

2. 다음의 이탈리아 남성이 선택한 조력자살에 대한 자신의 생각을 정리해 봅시다.

불의의 사고로 목 아래 전신이 마비되고, 눈이 먼 40세의 이탈리아 남성이 조력자살이 합법화된 스위스에서 어제 삶을 마감하였다. 이 남성은 3년 전 당한 교통사고로 아무것도 보지 못한 채 침대에 누워만 있는 처지가 되자 안락사를 원했으나 이탈리아에서의 관련 법 제정이 지지부진하자 이웃 스위스로 건너가 목숨을 끊었다. 그는 "우리는 견딜 수 없는, 끝없는 고통에서 스스로를 해방시키[려는 사람을] 해외로 내모는 나라의 노예일 뿐"이라고 말하며 고향 밀라노를 떠나 스위스 국경을 넘었다. 조력자살은 의사 등이 불치병을 앓는 환자에게 삶을 마감하는 약물 등의 수단을 제공해 죽음에 이르게 하는 것을 뜻한다.

— 스위스서 조력자살 伊 남성 "존엄사 불허 조국에 배신당해", 《연합뉴스》, 2017. 2. 28.

3장

뇌사와 장기 이식

사람은 언제부터 죽었다고 판정될 수 있을까요? 죽음에 대한 고전적인 기준은 호흡이 멈추고 심장이 더 이상 뛰지 않는 상태입니다. 이를 심폐사心肺死라고 하지요. 그러나 현대 의학의 발달과 더불어 인공호흡기 등의 장치로 사람의 생명을 연장할 수 있게 되면서 뇌사腦死라는 죽음의 기준이 새롭게 등장하게 되었습니다. 그리고 뇌사를 인간의 죽음으로 볼 수 있는가에 대해 논쟁이 벌어졌습니다.

뇌사를 인간의 죽음으로 보려는 사람들은 대체로 장기이식에 필요한 건강한 장기를 합법적으로 얻기 위해 뇌사 인정을 주장합니다. 이들의 입장을 이해하려면 먼저 의학적 사실을 확인할 필요가 있습니다. 신장(콩팥)이나 골수는 살아 있는 다른 사람으로부터 이식받을 수 있고 뼈, 혈관, 각막 등은 죽은 사람으로부터 이식받을 수 있습니다. 그러나 심장, 폐, 췌장(이자) 등의 장기는 뇌사 상태에 빠진 사람으로부터만 이식받을 수 있습니다. 이러한 상황에서 뇌사자가 법적 사망자로 간주되어야만 합법적으로 장기를 적출할 수 있습니다.

뇌사를 죽음으로 인정하는 것은 장기이식을 통해 다른 소중한 생명을 살릴 수 있다는 점에서 긍정적 측면이 있습니다. 하지만 아무리 연명 장치에 의한 것이라고는 해도 뇌사자는 몸에 따뜻한 피가 흐르고 있는 사람입니다. 그러니 뇌사자를 시체로 취급하는 데에는 심리적, 윤리적, 종교적 관점에서 거부감이 없지 않습니다. 이제부터 뇌사에 얽힌 복잡한 문제들에 관해 좀 더 자세히 살펴보기로 하지요.

뇌사는 무엇이고, 왜 문제가 될까요?

뇌사를 정의하기 위해 뇌가 어떤 구조로 이루어져 있고 어떤 기능을 담당하는지 먼저 알아봅시다. 인간의 뇌는 크게 대뇌, 소뇌, 뇌간(뇌줄기)으로 구성되어 있습니다. 대뇌는 기억과 사고, 의지와 감정, 언어 활동 등을 담당합니다. 소뇌는 신체의 평형 유지와 원활한 운동을 담당합니다. 그리고 뇌간은 생명 유지에 필수적인 호흡과 순환의 중추 역할을 담당합니다. 만약 뇌를 다치거나 병으로 뇌 기능이 손상되면, 인간은 의식을 잃고 혼수상태에 빠져 자발적 호흡이 어렵게 됩니다. 이때 곧바로 인공호흡기를 착용하는 등의 의학적 조치가 취해진다면 심장은 계속해서 뛸 수 있습니다.

뇌사란 대뇌, 소뇌, 뇌간의 모든 기능이 상실되고 결코 회복될 수 없는 뇌 기능의 완전한 정지 상태를 의미합니다. 그렇다면 뇌사와

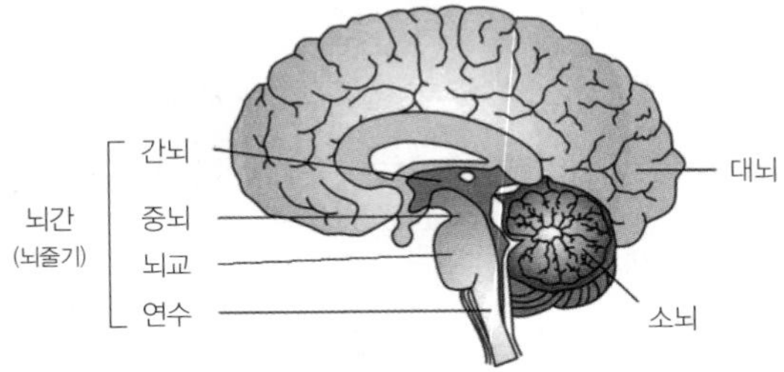

식물인간 상태는 같은 걸까요? 의학적 용어로 지속적 식물 상태PVS: Persistent Vegetative State는 모든 뇌의 기능이 죽은 것이 아니고 호흡과 심장 박동에 관여하는 뇌간의 일부가 살아 있는 경우를 뜻합니다. 그래서 식물인간은 인공호흡기가 없어도 스스로 숨을 쉴 수 있습니다. 아주 드물기는 하지만 몇 년간 혼수상태에 있다가 의식을 회복한 환자의 사례가 뉴스에 나오기도 하지요. 하지만 식물 상태와 다르게 뇌사 판정을 받게 되면 이론적으로 회복이 불가능합니다. 대부분의 뇌사자는 뇌사 상태에 빠진 지 14일 이내에 심장이 멈추게 됩니다.

뇌사에 대한 정의가 어디에서나 똑같은 것은 아닙니다. 예컨대 미국은 뇌의 모든 영역이 기능하지 않을 때에 뇌사로 판정하지만, 영국은 뇌간의 기능이 완전히 소실된 상태를 뇌사로 간주합니다. 우리나라는 '장기 등 이식에 관한 법률'에서 장기기증을 전제로 한 경우에만 뇌사를 죽음으로 인정합니다. 그러니 장기기증을 하지 않겠다고 선언한 뇌사자에게는 사망 선고를 할 수 없습니다(이을상, 『죽음과 윤리』, 백산서당, 2006, 105쪽과 130쪽 참고).

의료 기술이 발달하지 않은 과거에는 뇌사에 이르게 되면 자연스럽게 심장도 멈추었을 것입니다. 하지만 현대 의학의 발달은 뇌사자로부터 부패하지 않은 건강한 장기를 떼 내어 다른 사람에게 이식하는 일을 가능케 하였습니다. 뇌사를 죽음으로 인정할 수 있다면 심장과 같은 장기의 이식이 절실하게 필요한 환자에게 연장된 삶을 선사할 수 있겠지요. 또 이러한 환자를 돕고 싶은 의사에게는 그 도움의 영역을 더 넓힐 수 있게 될 것입니다.

이처럼 뇌사를 인간의 죽음으로 인정하자는 입장은 무엇보다 장기 이식을 염두에 두고 있는 게 사실이지만, 이것이 뇌사를 인정하는 이유의 전부는 아닙니다. 오늘날에는 인공호흡기 등 생명 보조 장치의 발달로 과거에는 생존이 불가능했던 사람들이 생명을 유지할 수 있게 되었습니다. 그런데 뇌 기능의 회복 없이 생명만 유지되는 상태가 길어질 경우, 뇌사자의 가족이 져야 할 심리적·경제적 부담은 매우 클 수 있습니다. 또한 병원 시설이나 의료 자원이 다른 환자에게 상대적으로 적게 돌아가는 문제가 생길 수 있습니다. 뇌사를 죽음으로 인정하는 것은 이와 같은 문제를 해소하는 데에 일조할 수 있을 것입니다.

뇌사는 완전한 죽음일까요?

인공호흡기로 뇌사자의 호흡이 이루어지고 적절한 영양과 수액이 공급된다면 일정 기간 동안 뇌사자의 장기는 파괴되지 않고 그 기능이 유지될 수 있습니다. 그래서 생물학적으로 볼 때 뇌사자를 완전히 죽은 사람으로 판단하기 어렵습니다. 다음 사례를 함께 볼까요.

> 임신한 지 20주 된 31세 부인이 머리에 총상을 입은 채 병원에 실려 왔다. 의사들의 판단에 따르면, 그녀의 뇌 기능은 완전히 소실되었다. 그러나 그녀의 남편은 아내의 배 속에 들어 있는 아기가 조기 출산되지 않도록 가능한 한 오랫동안 아내를 살려 둠으로써 아기가 살 수 있는 기회를 갖게 해달라고 요청했다. 뇌사를 인간의 죽음이라고 주장하던 의사들도 그의 요청을 수락해서 아기가 출산될 때까지 그 부인을 살려 두고 마침내 무사히 아기를 구해 냈다.[5]

뇌사 상태에 빠진 임산부로부터 결국 아이가 출산되었습니다. 그렇다면 임산부를 완전히 죽은 사람이라고 말할 수 있나요? 아기를 살리기 위해 뇌사자인 임산부의 생명을 연장했다고 한다면 뇌사를 인간의 완전한 죽음으로 볼 수는 없습니다. 죽음의 순간을 누가 어떤 방법으로 정확히 판단할 수 있을까요?

죽음을 하나의 과정process으로 본다면 뇌사는 죽어 가는 한 단계에 불과합니다. 현재까지 많은 의사들은 심폐 기능이 완전히 멈춘 순간을 사망 시간으로 기록해 왔습니다. 즉 뇌사 상태에 빠지는 시점과 심폐사에 이르는 시점 사이에는 간격이 있으며, 의학의 발달로 이 간

5 진교훈, "철학에서 본 뇌사: 생명윤리의 관점에서", 『철학적 인간학 연구(II)』, 경문사, 1994, 183쪽에서 재인용.

격은 더 길어질 수 있습니다. 이런 점에 주목한다면 뇌사는 인간이 죽어 가는 과정의 초기 단계라고 말할 수 있습니다.

또한 뇌사 판정에 사용되는 여러 기준과 의학 기술이 완벽하지 않다는 점도 간과해서는 안 됩니다. 오류 없는 뇌사 판정을 위해 뇌사 판정위원회가 운영되고 의학 기술을 엄격히 적용해도 완벽하지는 않습니다. 20년 전, 의식이 없다고 판정받은 한 벨기에 사람이 사실은 계속해서 듣고 생각할 수 있었다는 기사를 함께 볼까요. 뇌사자를 죽은 사람으로 간주하는 것을 망설이게 하는 이야기입니다.

> 그가 '뇌사자가 아닐 수도 있다'는 사실을 의료진이 알게 된 것은 3년 전이다. 이미 23년 동안이나 뇌사자 취급을 받으며 누워 있던 차였다. 뇌사자에 대해서는 안락사가 허용되지만, 가족들은 그를 포기하지 않고 뇌신경학자들에게 도움을 청했다. 리게 대학 신경학자 스테벤 라우레이스 교수가 PET스캔이라는 신기술로 그의 뇌를 검사했다. 결과는 충격적이었다. 그는 뇌사가 아니며, 의식이 있는데 몸이 마비돼 반응할 수 없을 뿐이라는 것이었다. 라우레이스는 키보드와 터치스크린으로 그에게 의사소통 도구를 만들어 줬다. 3년의 노력 끝에 하우벤은 언론 인터뷰를 할 수 있는 수준까지 이르렀다. 그의 사례는 벨기에 신경학회보를 통해 최근 공개됐다.
>
> — 뇌사 23년 만에 소생… 컴퓨터로 의사소통 "그동안 듣고 느끼고 생각도 했다", 《경향신문》, 2009. 11. 24.

***엄밀히 말하면 여기서 말하는 '뇌사'는 '전(全) 뇌사'가 아니라 '부분 뇌사'에 해당합니다.

위의 사례에서 보듯이 뇌과학 기술의 발달로 처음의 뇌사 판정이 23년 후에는 감금 증후군locked-in syndrome으로 밝혀졌습니다. 결코 되돌릴 수 없는 사람의 생명을 다루는 문제는 매우 보수적이고 신중하게 접근하지 않을 수 없습니다. 다음 절에서는 뇌사와 연결되는 이슈인 장기이식과 관련한 몇 가지 문제들을 살펴보겠습니다.

장기이식의 문제점

뇌사자 장기이식에 어떤 문제가 있을까요?

만일 뇌사를 인간의 죽음으로 인정할 때, 의사들이 내리는 뇌사 판정에 오류가 있다면 어떻게 될까요? 뇌사 판정을 받은 사람으로부터 장기를 떼어 낼 경우, 만일 그 뇌사 판정이 오류였다면 이는 끔찍한 살인 사건이 발생하는 것이나 마찬가지라고 할 수 있습니다. 그런데 뇌사 판정을 받고도 소생한 사례가 보고되고 있습니다. 이는 실제로 뇌사 판정에 오류가 있을 수 있음을 보여 줍니다. 회복될 수 없는 뇌 기능의 완전한 정지를 정확히 판단하는 일은 사실상 쉽지 않습니다. 아무리 실력 있고 양심적인 의사라 할지라도 뇌사 판정에서 오류를 범하지 않으리라고 단정할 수는 없습니다. 그뿐만 아니라 이식에 필요한 장기를 구하기 위해 뇌사 판정에 부당한 외부 영향력이 개입할 가능성도 있습니다.

장기이식을 염두에 둔 '잘못된' 뇌사 판정을 막으려는 제도적 장치의 한 예로 뇌사 판정에 장기이식 관련자들 —당사자 가족, 예상 장기 수혜자, 장기이식 담당 의사 등— 을 참여하지 못하게 하는 방법이 제시되고 있습니다. 그러나 이런 방법이 뇌사 판정의 오류 가능성을 완전히 제거할 수는 없습니다.

한편 뇌사자의 장기를 들어내는 것이 허용된다면 소생 불가능한 식물인간의 장기나 곧 죽음을 맞이할 사형수의 장기도 들어낼 수 있지 않느냐는 주장도 제기될 수 있습니다. 이런 주장에 대해 어떤 말을 할 수 있을까요?

뇌사자의 장기이식은 우리가 충분히 고려할 만한 가치를 지닙니다. 그렇지만 장기이식이라는 목적 달성을 위해 인간 생명의 종료를 시간적으로 앞당길 수 있다는 생각은 존엄한 인간의 생명을 수단화한다는 문제에 직면할 수 있습니다.

생체 장기이식에 어떤 문제가 있을까요?

생체 장기이식은 살아 있는 사람으로부터 장기를 떼 내어 다른 사람에게 이식하는 것을 말합니다. 이때 장기이식의 대상이 되는 장기는 신장(2개 중 1개), 간(일부), 골수 등으로 제한됩니다. 생체 장기이식을 위해 이루어지는 장기기증에서 우리가 유의해야 할 점은 무엇보다 기증의 자발성입니다. 아무리 가족이라 할지라도 기증자가 원치 않는 장기기증이 가족들의 은근한 압력에 의해 이루어질 수 있습니다. 가족 이외의 경우에 장기기증이 강제나 협박 혹은 매매에 의해 이루어질 수도 있습니다. 그래서 장기기증이 정말로 자발적으로 이루어지는 것인지를 확인하는 일이 필요합니다.

장기 등 기증 및 이식 현황

(2015년 기준, 단위: 건)

구분	기증자 (명)	계	장기								조직		
			소계	신장	간장	췌장	심장	폐	췌도	소장	소계	골수	안구
뇌사	500	1,989	1,626	899	456	57	145	64	4	1	363	–	363
NHBD	1	2	2	2	–	–	–	–	–	–	–	–	–
사후	63	115	–	–	–	–	–	–	–	–	115	–	115
생존 시	2,001	2,001	1,934	990	942	2	–	–	–	–	67	67	–
전체	2,565	4,107	3,562	1,891	1,398	59	145	64	4	1	545	67	478

NHBD(Non-Heart Beating Donar): 심장이 정지된 후 장기 등을 기증한 자

장기 등 이식대기자 현황

(2015년 말 기준, 단위: 명)

계	신장	간장	췌장	심장	폐	췌도	소장	골수	안구
27,444	16,011	4,774	890	400	120	28	18	3,323	1,880

보건복지부 · 질병관리본부 장기이식관리센터, 2015년도 장기 등 이식 통계연보, 11쪽.

또한 생체 장기기증에서 유의해야 할 점은 장기기증자가 수술 방법이나 정도, 수술 후 발생할 수 있는 후유증 및 건강상의 위험 등에 대해 충분한 정보를 제공받고 이에 근거하여 장기기증에 동의한 경우에만 장기기증이 정당하다는 것입니다.

안타까운 일을 하나 소개하겠습니다. 2011년 중국의 어느 고등학생이 아이패드를 사기 위해 자신의 신장을 암거래 업자에게 불법으로 판매하였습니다. 이후 학생은 수술 후유증으로 고생하다가 결국

중증장애 판정을 받게 되었습니다. 절박한 상황에 처한 사람은 이식받을 장기를 구하기 위해 돈을 아끼지 않을 것이고, 자신의 장기를 돈 받고 떼어 줄 사람도 있을 수 있으므로 불법적인 장기매매가 현실 사회에서 이루어질 수 있습니다. 그러나 장기매매는 명백한 불법일 뿐만 아니라 인간의 권리와 존엄성을 침해하는 중대한 범죄 행위라는 점을 알아야 합니다.

한정된 장기를 어떻게 분배해야 할까요?

장기를 제공하는 사람의 수는 적고 장기를 필요로 하는 사람의 수는 훨씬 많은 것이 우리의 현실입니다. 그렇다면 한정된 장기를 어떻게 분배하는 것이 정의로울까요? 다음의 주장들 중 여러분은 어떤 것에 동의할 수 있나요?

- 위급한 사람이 덜 위급한 사람보다 먼저 이식받아야 한다.
- 이식 성공률이 높은 사람이 낮은 사람보다 먼저 이식받아야 한다.
- 젊은 사람이 늙은 사람보다 먼저 이식받아야 한다.
- 사회적 기여도가 높은 사람이 낮은 사람보다 먼저 이식받아야 한다.
- 처음으로 이식받는 사람이 이식받은 경험이 있는 사람보다 먼저 이식받아야 한다.
- 장기기증을 한 사람이 하지 않은 사람보다 먼저 이식받아야 한다.
- 추첨으로 이식받을 사람의 순서를 정해야 한다.

장기의 분배를 어떻게 할 것인가는 복잡한 문제입니다. 우선, 장기이식에서 기회균등의 원칙을 지켜야 할 것입니다. 그러나 기회를 똑같이 준다는 것은 현실적으로 어떻게 하는 것을 의미할까요? 사회적 지위나 재산 등에 상관없이 선착순으로, 다시 말해 먼저 신청한 사람에게 먼저 분배한다는 것을 의미할까요?

기회균등 못지않게 의학적 고려도 중요한 기준입니다. 이식된 장기가 환자의 몸에서 거부반응을 일으키지 않아야 합니다. 장기이식의 성공을 위해서는 기증자와 수혜자의 조직적합성을 파악하는 일이 필수입니다. 또한 환자의 위급성도 고려해야 합니다. 즉, 빨리 이식 받지 않으면 생명이 위태로운지를 판단해야 합니다.

사회적 상황을 고려하는 것도 하나의 기준이 될 수 있습니다. 예를 들어 환자의 나이(기대 수명), 가족 상황(부양해야 할 가족의 수 등), 사회적 기여도 등이 기준이 될 수 있겠지요. 그러나 이러한 기준에 대한 반론이 적지 않습니다. 노인은 장기이식과 관련하여 청년과 동일한 권리를 갖지 못한다는 말입니까? 사회적 기여도가 낮은 사람보다 높은 사람이 장기이식에서 우선시되는 것은 평등의 정신을 훼손하는 것이 아닐까요?

이처럼 복잡한 고려 사항들 때문에 차라리 추첨 방식을 제안하는 견해도 있습니다. 공정한 추첨으로 장기이식이 이루어진다면 현실적으로 불만이 적어지지 않겠는가, 그리고 추첨은 기회균등의 정신을 잘 살릴 수 있는 방법이 아닌가 하고 보는 것입니다.

참고로 우리나라의 국립장기이식관리센터KONOS가 정한 장기 분배의 기준은 다음과 같습니다. ① 사람 백혈구 항원검사 결과, ② 이식 대기자의 나이(만 19세 이상이면 동일), ③ 이식 대기자의 대기 시간, ④ 과거에 장기 등을 기증한 사실이 있는지, 배우자나 직계 존·비속 등이 뇌사자 장기기증을 한 사실이 있는지, ⑤ 응급도 등입니다. 그러므로 나이가 어리거나(만 18세 미만) 이식 대기 시간이 길거나 상태가 위중하거나 과거에 자신이나 가족이 장기를 기증한 사실이 있다

면 이식을 받기가 쉬워집니다.[6]

이번 장에서는 뇌사의 의미를 확인하고 뇌사를 인간의 죽음으로 인정할 때의 문제점을 살펴보았습니다. 그리고 뇌사자 장기이식과 생체 장기이식에 따르는 문제와 한정된 장기를 정의롭게 분배하는 문제에 대해서도 고민해 보았습니다.

6 권복규, 『생명윤리 이야기』, 책세상, 2007, 120~121쪽.

생각해 볼 문제

1. 아래 사례처럼 사형수에게서 장기를 떼어 내는 것을 어떤 근거로 비판할 수 있을까요? 또한 장기매매가 불법으로 이루어지는 것을 막기 위해 어떤 방안이 제시되어야 할까요?

> 1984년 이래 중국은 사형수에게서 장기를 떼 내어 왔다. 2000년에서 2005년 사이에 중국에서 공식적으로 기록된 신장이식 건수는 6만 건이었고, 그중 4만 1500건은 정체불명이다. 이 가운데 상당수가 1990년대 정치적 반항세력으로 체포된 파룬궁 종교 수련생에게서 떼 낸 것으로 추정된다. 몇 년 동안 수천 명의 수련생들이 중국 감옥에서 실종되었다.
>
> 애니라는 가명을 사용하는 제보자 한 명은 살아 있는 수감자에게서 2,000개 이상의 각막을 떼어 낸 이식외과 전문의의 전처였다. 애니의 전 남편은 장기 처리 공장이라고 부를 수밖에 없는 곳에서 일어나는 일에 대해 그녀에게 몇 년 동안 매일 이야기했다. 그녀는 최소한 5,000명의 죄수가 살고 있는 병원의 지하 감방에 대해 설명했다. 의사들은 매일 감옥에서 수감자 3명씩을 제거했다. "수감자들은 심장병을 일으키는 주사를 맞습니다. 이 과정에서 그들은 수술실에 끌려가 장기를 제거당합니다. 겉보기에 심장은 더 이상 뛰지 않지만, 주사를 맞아 뇌는 여전히 살아 있죠." 애니의 전 남편은 그때 환자를 받아 재빨리 각막을 걷어 내고 환자를 들것에 실어 복도 끝의 '각막 외의 많은 장기를 끄집어내는 곳'으로 보낸다.

이러한 보고 내용을 부정하는 비판도 많다. 그러나 파룬궁 게시판에는 사형당한 수감자들과 장기를 모두 빼낸 몸 사진이 넘쳐 나고 있고, 장기는 은밀한 경로를 통해 중국 밖으로 유출되고 있다.

— 스콧 카니, 전이주 역, 『레드마켓, 인체를 팝니다』, 골든타임, 2014, 111~112쪽,
공병혜 · 구인회 · 김상득 · 김종국 · 엄영란, 『생명윤리』, 현문사, 2015, 242쪽에서 재인용.

2. 다음 글은 생체 장기기증의 문제점 중 특히 기증자들이 겪는 후유증에 대해 논하고 있습니다. 이 문제의 해결 방안에 관해 토론해 봅시다.

직장인 김모(28)씨는 2013년 7월 간암으로 투병하는 아버지께 자신의 간 우엽 3분의 2를 기증했다.

이식 수술을 무사히 마치고 빠르게 호전되는 아버지를 지켜보는 일은 기뻤지만, 김씨는 간 적출 수술 이후 줄곧 후유증을 겪고 있다. 면역 및 소화기능이 떨어져 전에 없이 감기 같은 잔병치레나 설사가 잦아졌고, 수술 부위의 피부 감각은 3년이 지나도록 돌아올 줄 모른다. 수술 직전 부작용 가능성을 안내받긴 했지만 이 정도일 줄은 몰랐다. "자식으로서 최고의 효도를 했다"고 칭찬하는 주위 사람들에게 차마 터놓기 힘든 고통이었다. … 우리나라의 장기 이식은 생존 기증자 의존도가 매우 높다. 장기이식법 제정으로 장기 기증·이식 과정 전반을 국가가 관리하게 된 2000년 2월부터 올해[2016년] 3월까지 생존 기증자는 26,675명으로, 같은 기간 뇌사 기증자 3,717명의 7배, 심장사 기증자(안구) 1,648명의 16배가 넘는다. 전체 장기 기증자의 83.3%다. 특히 생존 장기 기증 대부분은 가족이나 친척을 위해 이뤄진다. 최근 5년(2011~2015) 생존 기증자 9,911명 중 친족에게 장기를 이식한 비율은 96.2%(9,532명)에 달한다.

그럼에도 생존 장기 기증자, 그중에서도 친족 대상 기증자는 별다른 법적 지원을 받지 못하고 있다. 유족에게 최대 540만원이 지급되는 뇌사자 장기 기증과 달리, 생존 장기 기증에 따르는 지원은 입원 기간을 유급 휴가(최대 2주)로 처리해주는 것과 수술 후 1년간의 정기 검진 진료비가 전부다. 그마저도 친족에게 장기를 주는 사람(지정 기증자)은 정기검진 진료비 지원 대상에서 제외된다. 장기이식센터에서 2년 동안 지속적으로 생존 기증자의 건강 상태를 모니터링하는 미국, 기증 과정에서 발생한 수입 손실 등 비용을 보상해주는 영국 등과는 대조적이다.

이렇다 보니 장기 적출 수술에 따르는 신체적·정신적 고통은 온전히 기증자 혼자 감당해야 할 짐이 된다. 2012년 국가생명윤리정책연구원 조사에 따르면, 조사 대상자 96명 중 28명(29.2%)이 기증 후 후유증이 있다고 답했고, 이 중 절반(14명)은 일상생활에 지장이 있다고 답했다. 정선주 수원여대 간호학과 교수는 "생존 기증자 다수가 통증, 위장관 장애, 면역·체력 저하 등 신체적 이상이나 우울증, 건망증 등 정신적 문제를 호소하고, 심지어 자살을 선택하는 사례도 발생하고 있다"며 "수술 이후 건강 문제로 직장을 잃거나 보험 가입을 거부당하는 등 사회경제적 곤란을 겪는 경우도 적지 않다"고 전했다.

—장기 건네고 후유증에 '나홀로 고통', 《한국일보》, 2016. 10. 14.

인간복제
4장

1997년 2월 영국 로슬린 연구소의 윌머트I. Wilmut 박사팀은 6년생 양의 체세포를 이용하여 그것과 동일한 유전자를 가진 양을 만들었다고 발표했습니다. 체세포 핵이식을 통한 최초의 복제 포유동물 돌리Dolly가 탄생한 것입니다. 다 자란 양으로부터 채취한 체세포에서 핵을 분리하여 이를 핵을 제거한 양의 난자에 이식한 후 인위적으로 발생시킨 것입니다. 돌리 이후 여러 나라에서 소, 돼지, 고양이, 개 등의 동물복제가 성공적으로 이루어졌습니다.

물론 인간이 아닌 동물을 복제한 것이지만, 이제 인간도 체세포 하나를 채취하여 그 사람과 동일한 유전자를 가진 인간, 즉 복제인간을 만들 수 있으리라는 전망이 나오고 있습니다. 많은 사람들은 생명복제 기술이 인간의 질병치료에 크게 기여할 것이라고 생각합니다. 가령, 유전적 질병을 유전자 조작으로 치료할 수 있을 것이라거나 뇌질환, 당뇨병, 심장병과 같은 난치병도 인간배아복제 연구를 통해 치료할 수 있으리라고 기대합니다. 그렇지만 인간복제는 인간의 존엄성

복제양 돌리의 박제(스코틀랜드 국립박물관 전시)
복제양 돌리의 탄생은 체세포 핵 안에 생명체 발생의 모든 정보가 들어 있으며 이미 분화된 세포도 일정한 조건 아래에서는 분화되기 이전의 분화 만능성, 즉 모든 세포로 분화할 수 있는 능력을 되찾을 수 있음을 보여 주었다.

을 훼손할 것이라는 우려의 목소리도 매우 큽니다. 인간복제는 축복일까요, 아니면 재앙일까요? 인간복제는 우리 삶에 어떤 변화를 가져올 수 있을까요?

인간을 복제한다?

인간복제를 논의하기 전에 현재 인류의 과학 기술이 행하는 복제의 방식을 먼저 알아보도록 합시다. 공상과학영화에서 나오듯이 거울 속에 비친 자신의 모습과 똑같은 개체가 갑자기 '짠!' 하고 나타나는 것이 아니랍니다. 여기서 말하는 복제는 체세포 핵이식 기술을 이용한 생명복제를 의미합니다. 그래서 자신과 유전자가 동일한 개체를 만드는 것입니다. 인간이든 동물이든 이러한 복제 기술을 통해 태어나게 되면 원래의 개체와 똑같은 유전자를 지녔으나 겉으로는 아기의 모습을 하고 있겠지요.

체세포 핵이식을 통한 복제에 대해 설명이 조금 더 필요할 것 같군요. 그 과정을 그림으로 보면서 차근차근 이해해 봅시다. 먼저 개체의 몸에서 신체 조직을 채취하고 체세포를 분리합니다. 그 체세포에서 핵을 빼냅니다. 이를 핵이 제거된 난자에 이식합니다. 체세포 핵

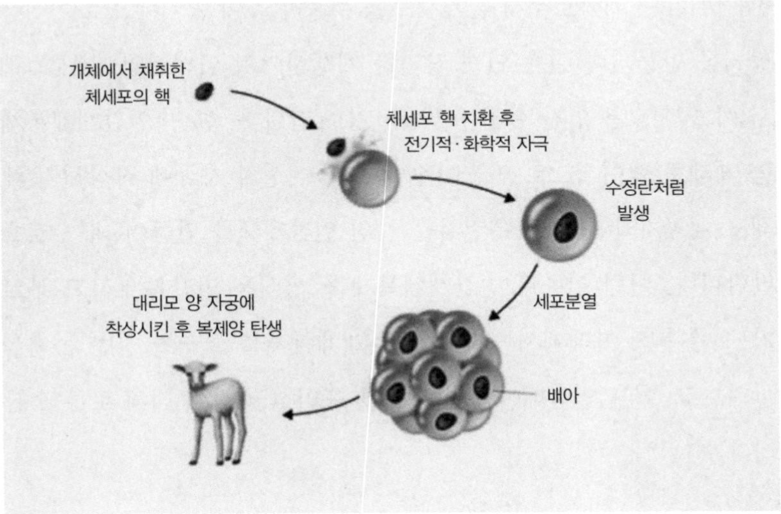

으로 치환된 난자에 전기적·화학적 자극을 가합니다. 그러면 마치 수정란처럼 발생을 시작합니다. 이 과정에 대한 이해가 조금 어려울 수 있으니 친구에게 설명하듯이 여러 번 말해 보아도 좋습니다.

대체로 배아(embryo)는 수정란이 발생을 시작한 후 약 2주에서 8주까지의 상태를 의미합니다. 그리고 8주 이후의 상태를 태아(fetus)라고 합니다. 그러나 인간배아복제에서의 배아란 수정란이 발생을 시작한 후 자궁에 착상하기 직전까지의 존재를 가리킵니다. 정확히 말해서 착상 전 2주 이내의 배반포(포배기) 상태의 전(前)-배아(pre-embryo)를 뜻합니다.

인간복제는 그 결과에 따라 인간배아복제와 인간개체복제로 나눌 수 있습니다. 인간배아복제는 여성의 자궁에 착상시키기 전까지의 인간배아를 복제하는 것이고, 인간개체복제는 그 배아를 자궁에 착상시켜 인간개체가 태어나도록 하는 것입니다. 조금 더 구체적으로 설명해 볼까요. 인간배아복제는 체세포 핵이식으로 인간배아를 만들어 내는 것을 말합니다. 배아를 복제하는 이유는 배아로부터 줄기세포를 추출하고 이 줄기세포로 이식용 장기를 만들거나 결손 있는 장기를 재생시키기 위해서입니다. 그래서 이를 '치료용 인간복제'라고 말하기도 합니다. 한편, 인간개체복제는 체세포 핵이식으로 만들어진 배아를 여성의 자궁에 착상시켜 체세포 제공자와 동일한 유전자를 가진 인간개체를 만들어 내는 것을 말합니다. 이런 이유로 인간개체복제를 '생식용 인간복제'라고 부르기도 합니다. 아래에서는 먼저 인간개체복제를 둘러싼 찬반 논쟁을 살펴보고, 이후 인간배아복제에 대한 윤리적 쟁점에 대해 토론해 봅시다.

인간개체복제를 찬성해야 할까요, 반대해야 할까요?

인간개체복제는 체세포 핵이식 기술을 이용하여 핵을 제공한 인간과 동일한 유전자를 가진 인간을 만들어 내는 것이라고 이미 말했지요. 경이로워 보이는 이 기술은 우리의 상상력을 자극하며 수많은 영화와 드라마의 소재가 되어 왔습니다. 극소수이긴 하지만 실제로 인간개체복제를 찬성하는 사람들이 있습니다. 그들이 내세우는 주요한 이유를 살펴보겠습니다.

찬성하는 사람은 어떤 이유를 제시할까요?

첫째, 인간개체복제는 죽은 사람과 동일한 유전자를 가진 '대체인'을 만들 수 있다고 주장합니다. 죽은 아이의 대체인을 부모가 원하거나 죽은 연인의 대체인을 살아남은 연인이 원한다고 할 때, 인간개체복제는 그것을 가능하게 할 수 있다는 것입니다. 상상해 보세요. 사랑하는 남편이 죽음의 위기에 처하자 그의 체세포를 이용하여 남편과 유전자가 동일한 배아를 만들고 이것을 아내의 자궁에 착상시켜 복제인간이 태어났습니다. 이때 아기는 남편의 일란성 쌍둥이 동생이라고 말할 수 있습니다. 다만 몇십 년 늦게 태어났을 뿐이지요.

하지만 복제된 사람은 DNA만 같을 뿐 죽은 사람이 다시 태어나는 것은 아닙니다. 여러분은 복제된 사람의 정체성을 어떻게 이해해야 한다고 생각하나요? 언제나 목적으로 대우받아야 할 존엄한 인간이 누군가(비록 사랑하는 사람이라 할지라도)의 뜻에 따라 그 존재가 결정되어도 좋을까요? 복제된 인간은 일종의 수단이 되는 것이 아닐까요?

둘째, 우생학적 관점에서 인간개체복제를 찬성할 수 있습니다. 즉 유전병의 위험을 예방하거나 우수한 형질의 아이를 얻기 위해 인간복제를 할 수 있다는 것입니다. 또는 사회가 필요로 하는 능력을 갖춘 사람들을 확보하기 위해 계획적으로 복제할 수도 있습니다. 그러나 인간이 다른 어떤 목적을 위한 수단으로 만들어져도 좋을까요? 이것은 인간 존엄성을 침해하는 일이 아닐까요?

셋째, 인간개체복제는 불임 문제를 해결하는 대안이 될 수 있다고 말합니다. 자식을 원하는 불임부부, 미혼자, 동성애자 등이 인간개체복제를 통해 자신의 소원을 이룰 수 있다는 것입니다. 이러한 이유는 앞의 두 이유에 비해 사람들의 공감을 얻기가 상대적으로 쉬울 수 있습니다. 그러나 이 경우 불임부부가 갖게 되는 아이는 무성생식을 통해 만들어진, 아빠 아니면 엄마와 동일한 유전자를 가진 아이입니다. 다시 말해 복제된 아이는 부자父子 쌍둥이거나 모녀母女 쌍둥이가 됩니다. 부부가 정말로 원하는 것은 '자신의 아이'이지 '자신의 쌍둥이'는 아니지 않을까요?

인간개체복제를 찬성하는 측의 세 가지 이유는 공통적으로 '복제되는 사람'의 관점이 아니라 '복제하는 사람'의 관점에서 제시되고 있다는 문제점을 지닙니다. 인간개체복제는 실제로 이루어졌을 때 예상되는 문제가 너무나 크기 때문에 전 세계가 강력히 반대하고 있습니다. 아래에서 인간개체복제를 반대하는 중요한 이유를 살펴보겠습니다.

반대하는 사람은 어떤 이유를 제시할까요?

첫째, 인간개체복제는 "너 자신과 다른 모든 사람의 인격을 단지 수단으로만 여기지 말고, 언제나 동시에 목적으로 대우하라"는 칸트의 정언명령의 정식에 어긋납니다. 그동안 지구상의 모든 사람은 남녀의 성적 결합으로 고유한 정체성을 자연스럽게 지니고 태어났습니다. 특정한 유전적 정체성을 갖도록 미리 계획되지는 않았던 것입니다. 그러나 복제인간은 어떤 '목적'을 위해 만들어지기 때문에 수단의 성격을 지니게 됩니다. 물론 복제인간도 독립된 인격체로 볼 수 있지만, 자신의 아버지 또는 어머니의 '쌍둥이'에 불과한 자신의 모습을 보면서 심각한 자아 정체성의 혼란을 겪을 수도 있습니다.

그리고 사회적 계획에 의해 만들어진 복제인간을 생각해 봅시다. 예를 들어 영화 〈스타워즈〉에서처럼 복제인간 군대를 창설하는 경우도 상상해 볼 수 있습니다. 어떤 목적이나 의도에 따라 생산된 복제인간은 수단화되고 상품화될 가능성이 높습니다. 또한 복제 기술이 고도로 발달하여 한 사람으로부터 무수히 많은 복제인간이 생산될 경우 그 복제인간에게는 전통적 의미의 부모가 없을 것입니다. 대신

유전자 제공자와 양육자가 있을 뿐입니다. 이때 복제인간이 느끼는 소외감은 우리가 생각하는 것보다 훨씬 클 수 있습니다.

둘째, 인간개체복제는 인간종의 유전적 다양성을 파괴함으로써 자칫 인류를 멸종에 이르게 할 수도 있습니다. 생물종은 저마다 유전자 풀gene pool을 가지고 있는데, 종의 각 개체는 유성생식을 통해 다른 개체와 유전자를 섞음으로써 유전자 풀의 다양성을 증진하게 됩니다. 때때로 그 다양성 속에 '결함'을 지닌 유전자가 있을 수 있습니다. 그러나 이러한 유전자를 없애 버리면 단기적으로 더 나은 종이 될 수 있을지 모르지만, 장기적으로 볼 때 종의 생존력은 오히려 떨어집니다. 생물종의 유전자 풀의 다양성이 약해지면 종의 생존력도 약해지는 것이지요. 인간개체복제는 유성생식이 아닌 무성생식의 방식을 취하기 때문에 인간종의 유전적 다양성을 해치는 것입니다.

인간배아복제를 허용해야 할까요?

이제 인간개체복제의 전 단계인 인간배아복제에 대해 논의해 봅시다. 인간배아복제는 인간개체복제와 기술적으로는 동일하지요. 차이가 있다면 인간배아복제는 그 목적이 인간개체를 생산하는 것이 아니라 배아줄기세포를 얻거나 착상 전까지의 과정을 연구하는 데에 있습니다.

앞에서 설명한 체세포 핵이식 기술을 다시 머릿속에 떠올려 보세요. 핵이식을 통해 만들어진 수정란을 배양액 속에서 착상 전 단계(배반포 단계) 배아로까지 발생시킨 후 줄기세포를 추출합니다. 줄기세포란 모든 종류의 세포로 분화할 수 있는 미분화세포를 말하며, 만능세포라고도 불립니다. 이 세포는 줄기가 갈라지듯이 다른 세포들로 분화될 수 있다고 해서 '줄기세포'라는 이름을 얻게 되었습니다. 배아복제로 생산된 줄기세포는 체세포를 제공한 환자와 동일한 유전자를 지닌 세포이므로 환자의 면역거부반응을 피할 수 있습니다. 그래서 줄기세포는 세포이식치료술의 이상적 수단으로 여겨집니다. 그러나 인간배아복제와 관련하여 우리가 생각하지 않으면 안 되는 문제점이 있는데, 이를 살펴보겠습니다.

인간배아복제는 윤리적 측면에서 많은 논란을 일으킵니다. 가장 중요한 문제는 인간배아의 생명권과 관련된 것입니다. 배아에서 줄기세포를 추출한다는 것은 곧 배아의 파괴를 의미합니다. 이는 체세포 핵이식에 의한 복제배아든 시험관 아기 시술에서 남은 배아든 마찬가지입니다. 여기서 인간배아의 도덕적 지위에 대한 논쟁이 벌어집니다. 만일 배아를 온전한 인간으로 본다면 배아에서 줄기세포를 추출하는 것은 살인 행위가 됩니다. 그러나 배아를 단순한 세포 덩어리로 본다면 줄기세포 추출은 허용될 수 있습니다. 그렇다면 인간배아는 어떠한 도덕적 지위를 가질까요?

인간배아를 어떻게 볼 것인가에 대한 견해는 크게 세 가지로 나뉩니다. 첫째, 인간배아는 완전한 인간의 지위를 갖는다고 보는 견해입니다. 자궁에 착상되기 이전의 인간배아도 사람과 동등한 존재라는 것입니다. 이 견해에 따르면 인간배아 연구는 전면 금지되어야 합니다. 둘째, 인간배아는 단순한 세포 덩어리에 불과하다고 보는 견해입니다. 이 견해에 의하면 배아는 과학적 실험에 사용될 수 있고 이 과정에서 파괴되더라도 윤리적 문제는 발생하지 않습니다. 셋째, 인간배아를 잠재적 인간으로 보는 견해입니다. 배아는 일정한 시간이 지나면 인간이 될 수 있기 때문에 우리는 배아의 권리를 어느 정도 인정하지만 출생 이후의 인간과 완전히 동등한 존재라고 볼 수는 없다는 것입니다.

이 중 세 번째 견해가 현실적으로 다수의 지지를 받고 있습니다. 우리나라의 '생명윤리 및 안전에 관한 법률'도 대체로 이 견해를 받아들이고 있는 것으로 보입니다. 이 견해는 배아가 수정 후 14일이 지나 척추와 뇌로 발전한다고 알려진 원시선이 출현하는 시점 직전까지는 인간개체라기보다 세포 덩어리라고 할 수 있으므로 이 단계의 배아는 연구 대상으로 삼을 수 있다고 봅니다.

원시선이란 배반포 단계의 배아에서 나타나는 선(線)으로, 원시선이 출현하면 배아는 하나의 개체로 발생하는 지점을 지나는 것입니다.

그러나 이 견해가 충분한 설득력을 지닌다고 볼 수는 없습니다. 배아가 인간 생명의 초기 형태라는 것은 부정할 수 없는 사실이기 때문입니다. 더욱이 2002년 한 학자는 《네이처》지에 게재된 논문을 통해 그동안은 원시선이 출현한 이후에야 결정된다고 보았던 현상들이 실제로는 정자와 난자가 수정된 후 24시간 이내에 결정된다는 것을 밝혀냈습니다. 다시 말해 수정 후 14일 이후에야 인간배아가 하나의 독립된 생명체처럼 기능을 발휘할 것이라는 견해는 그 근거를 잃게 되었다고 볼 수 있습니다.

이 장에서 살펴본 것처럼 인간복제는 윤리적 측면에서 많은 문제점을 지닙니다. 어떤 사람은 인류의 불치병과 난치병을 고치기 위해 인간배아복제 연구가 허용되어야 하고, 그 과정에서 인간배아가 희생되는 것은 어쩔 수 없다고 주장합니다. 그러나 인간의 생명을 구하기 위해 다른 무고한 인간의 희생이 불가피하다고 보는 것은 옳지 않습니다. 그것은 인간을 수단화하는 일이며 인간의 존엄성에 위배되는 일이기 때문입니다.

최근에는 인간배아복제의 윤리적 문제를 피하기 위해 난자나 수정란을 사용하지 않는 줄기세포 연구가 활발히 이루어지고 있습니다. 즉 탯줄 혈액이나 성체의 골수 등에서 추출한 성체 줄기세포나, 성체의 체세포에 다른 유전자나 특정 단백질을 넣어서 만든 역분화 줄기세포를 치료에 이용하려는 연구가 이루어지고 있습니다.

생각해 볼 문제

1. 다음 글을 통해 볼 때, 성체 줄기세포 연구가 가져올 수 있는 문제점을 설명해 봅시다.

> 배아 줄기세포 연구의 경우 많은 윤리적 문제점이 있기 때문에 흔히 '윤리적 문제가 없다'고 생각되는 성체 줄기세포 연구가 대안으로 제시되기도 한다. 그러나 성체 줄기세포는 이미 분화가 어느 정도 되어 있는 줄기세포로서 배아 줄기세포 연구의 모든 측면을 대신하기는 어려우며, 성체 줄기세포 연구라고 해서 윤리적 문제가 전혀 없는 것은 아니다.
>
> 태아 줄기세포를 성체 줄기세포의 일부로 본다면 태아 줄기세포의 획득 과정에서 인공 임신중절, 태아 조직의 사용에 대한 동의 등 특수한 윤리적 문제가 제기된다. 이를 간단히 살펴보면 임신중절 결정은 태아 조직의 연구 목적 사용과 별개로 이뤄져야 하며, 동의를 받는 시점은 임신중절 결정을 내린 다음이어야 하며, 이 연구는 기관심사위원회IRB의 철저한 감독을 받아야 한다.
>
> 우리나라에서 널리 알려진 성체 줄기세포는 제대혈과 골수이다. 제대혈은 아기가 태어날 때 태반과 탯줄에서 모으는 혈액으로 줄기세포가 풍부하게 들어 있어 훗날 혹시 걸릴지도 모르는 질병의 치료용으로 동결 보관을 해주는 상업적인 제대혈 은행이 성업 중이다. 한편 일부 산부인과 의사들이 분만 도중 채취한 제대혈을 산모의 동의를 받지 않고 다른 의료기관에 팔아 수익을 올린 행위가 적발되기도 했다.

성체 줄기세포 연구의 더 큰 문제점은 충분한 과학적 증거와 동물 실험 없이 무분별한 임상시험이 많이 이뤄지고 있다는 것이다. 배아 줄기세포는 동물의 체내에 들어가면 마구잡이로 분화해서 암을 일으킬 가능성이 있기 때문에 인간을 대상으로 하는 임상시험은 대단히 신중하게 시도되어야 한다. 어느 정도 분화가 된 성체 줄기세포는 그럴 위험이 적기 때문에 여러 의료 영역에서 임상시험이 시도되었지만 사망 사고와 부작용을 낳기도 하였다.

— 권복규 · 김현철, 『생명윤리와 법』, 이화여자대학교출판부, 2014, 179~181쪽 참고.

2. 다음 글을 읽고 ㉠에 대한 자신의 답변을 정리해 봅시다.

[중국의 보야라이프 그룹 대표에 따르면] 미래에는 생식 과정에서 복제 기술에 힘입어 세 가지 선택의 기회가 생긴다. 현재처럼 당신과 배우자가 자식에게 유전자를 절반씩 물려주는 경우, 그리고 복제를 통해 당신이나 배우자 각자가 별도로 100%씩 물려주는 경우가 그것이다. 돌리가 태어난 과정을 떠올리면 쉽게 이해가 간다. 돌리는 엄마만 세 마리였다. 가슴 부위에서 세포 하나를 제공해 돌리에게 유전자를 거의 100% 물려준 엄마, 핵이 제거된 난자를 인큐베이터용으로 제공한 엄마, 그리고 배 속에서 키워준 대리모이다. 어떤 동물이든 난자와 대리모만 확보되면 엄마나 아빠 한쪽의 세포로 생명체가 태어난다. 물론 정자가 아예 필요하지 않으므로 돌리처럼 아빠가 없어도 된다. 이 상황을 인간에게 적용한다고 가정하면 선뜻 받아들이기 쉽지 않다.

돌리는 276번의 실험에 실패한 끝에 태어났다. 당시까지 복제 성공률은 그렇게 낮았다. 부작용도 많았다. 대리모의 배 속에서 거대한 몸집으로 자라는 탓에 어미와 새끼 모두 죽는 사례, 새끼의 장기기능에 치명적인 이상이 생기는 사례 등이 학계에 계속 보고돼 왔다. 돌리의 경우 276번의 실험 과정에서 사라진 존재를 생명체라고 불러야 하는지 아닌지 잘 모르겠다. 다만 인간의 경우 성공에 이르기까지 사라지는 존재에 대한 느낌은 확실히 동물과는 다르게 다가온다.

지난 20년간 복제기법의 진전으로 성공률은 상당히 높아졌을 것이다. ㉠ 언젠가 성공률이 100%에 이르고 부작용이 없어질 수도 있다. 그렇다고 이제 우리가 복제인간을 맞이할 마음의 준비를 갖추기 시작해야 하는 것일까. 돌리는 사회적 합의와 무관하게 태어난 복제동물이다. 인간은 그럴 수 없다. 하지만 사회적 합의를 논하기에 앞서 우리는 인간복제라는 용어 자체를 잊고 있거나, 알고 있다 해도 아예 무관심해지고 있는 것은 아닌지 모르겠다. 최근 국내외 가정의 안방에서 인기를 차지하고 있는 [복제인간 관련] 드라마들이 어쩌면 곧 실현될 인류사회의 모습을 예견하는 것처럼 느껴진다.

— 김훈기, 과학 오디세이: 복제인간, 《경향신문》, 2016. 4. 24.

5장 결혼과 가족의 윤리

이 시의 제목은 무엇일까요?

밖에선
그토록 빛나고 아름다운 것
집에만 가져가면
꽃들이
화분이

다 죽었다

진은영 시인의 〈가족〉입니다.

여러분 중 누군가는 남부러울 게 없을 정도로 화목한 가정에서 살고 있는 것처럼 보일지 모릅니다. 그러나 실제 우리네 가족이 '그토록 빛나고 아름다운' 가족이라고 확신할 수 있을까요. 가족 내부에서 발생하는 미묘한 갈등이나 고민은 남에게 쉽게 털어놓기도 힘듭니다.

제 얼굴에 침 뱉기가 될 게 뻔하고, 이 모든 애증 관계를 말로 설명하기도 참 어려울 테니까요. 그래서 진은영 시인은 집 밖과 집 안의 분위기를 이렇게 대조적으로 표현한 것일지도 모릅니다.

여러분은 '가족' 하면 어떤 감정을 느끼나요? 그 감정은 포근함, 따스함, 고마움일 수도 있을 거구요. 그리움, 실망감, 미안함, 섭섭함 등일 수도 있을 것입니다. 저 또한 가족을 생각하니 여러 가지 감정이 함께 솟아나는군요. 도대체 가족이란 무엇이며, 가족의 모습은 어떠해야 하는가요.

오늘날 우리 사회에서 전통적 의미의 가족은 급속히 해체되고 있습니다. 그 대신 다양한 가족 형태가 등장하는가 하면 정서적 유대가 크게 약화된 가족의 수도 많아지고 있습니다. 그런데 가족의 위기는 곧 우리 삶의 위기라고도 볼 수 있습니다. 이번 장에서는 오늘날 우리 사회의 가족이 처한 상황을 돌아보고 따뜻한 사랑의 공동체로서의 가족을 되살리기 위해 어떤 노력이 필요한지 고민해 보도록 합시다.

여러분의 가족은 어떤 모습인가요?

선생님으로서 하나 고백하자면, 학교에서 '가족윤리'를 주제로 수업할 때 마음의 부담이 가장 크답니다. 가족에 대한 상처가 깊은 학생에게 윤리 수업을 통해 본의 아니게 더 큰 상처를 주게 되면 어떡하나 걱정스럽기 때문입니다. '부모님'이라는 단어를 무심코 사용하다가 혹시 한 분을 먼저 떠나보낸 학생이 그 당시의 아픔을 다시 느끼면 어떻게 하지요? 어떤 이유로 현재 가족이 옆에 없거나 가족과 함께 살고 있지 않은 학생이 다시 우울한 기분에 빠지면 어떻게 할지도 걱정입니다.

그럼에도 다시 마음을 다잡고 여러분과 함께 가족윤리를 솔직하게 이야기하고 싶은 이유는, 이제까지 너무 당연하게만 여겨 왔던 존재인 가족에 대해 다시 한번 생각해 보면서 각자 자기 내면의 소리에 귀 기울여 볼 필요가 있다고 보기 때문입니다. 또한 많은 학생들이 앞으로 어떤 가정을 꾸리고 싶어 하고 어떤 배우자를 만나서 아이는 몇 명이나 낳아 기르고 싶은지에 대한 생각을 한 번 이상은 해 보았을 터이기 때문입니다.

가족이란 무엇일까요? 사전에 보면 "가족은 주로 부부를 중심으로 한, 친족 관계에 있는 사람들의 집단. 또는 그 구성원. 혼인, 혈연, 입양 등으로 이루어진다"(표준국어대사전)라고 되어 있습니다. 그리고 우리나라 민법에 따르면 가족이란 "배우자, 직계혈족 및 형제자매", 생계를 같이 하는 경우에는 "직계혈족의 배우자, 배우자의 직계혈족 및 배우자의 형제자매"로 구성됩니다(민법 제779조).

2015년 11월 1일 기준으로, 우리나라에서 전형적인 핵가족 가구(4인 가구)는 전체 가구 수의 1/4도 되지 않습니다(18.8%). 4인 가구는

1990년부터 2005년까지 가장 주된 가구 유형이었으나 2010년에는 1·2인 가구가 각각 4인 가구의 수를 앞질렀습니다. 특히 1인 가구는 2015년 전체 가구 수의 27.2%를 차지하며 가장 주된 가구 유형으로 등장하였습니다(통계청, 2015 인구주택총조사). 아랫글은 1인 가구가 증가함에 따라 새롭게 생겨난 윤리적 문제를 보여 주고 있습니다.

> 갈수록 늘어나고 있는 1인 가구는 다인 가구보다 자기 집을 가진 비율과 건강 수준이 낮고 빈곤 수준은 높으며, 주거 환경은 열악하다는 조사결과가 나왔다. … 한국보건사회연구원의 '우리나라 세대별 1인 가구 현황과 정책과제' 보고서(강은나·이민홍)를 보면, … 연령층에 상관없이 1인 가구는 자기 집 소유 비율이 낮았다. … 1인 가구의 기초생활보장 수급비율은 청년층 3.5%, 중년층 16.1%, 노년층 17.4% 등으로 빈곤가구 비중도 3~6% 안팎에 불과한 다인 가구보다 높게 나왔다.
>
> — '나홀로 가구' 건강 나쁘고 빈곤율 높아, 《연합뉴스》, 2016. 4. 26.

가족의 형태도 매우 다양해지고 있습니다. 딩크DINK: Double Income No Kids 가족, 통크TONK: Two Only No Kids 가족, 이혼 가족, 재혼 가족, 별거 가족, 기러기 가족, 주말 가족, 동거 가족, 입양 가족, 다문화 가족, 공동체 가족, 남매 가족, 조손祖孫 가족 등이 그 예입니다. 아마 시간이 지나면 가족의 사

딩크 가족
정상적인 부부 생활을 하면서 의도적으로 자녀를 두지 않는 맞벌이 부부의 가족

통크 가족
자녀에게 부양받기를 거부하고 부부가 독립적으로 생활하는 노인 부부의 가족

전적 의미가 더 넓어질 것입니다.

그런데 문제는 가족의 형태가 놀랄 만큼 다양해지고 있다는 사실보다 가족의 내면적 규범과 연대의식이 현저히 약해지고 있다는 데 있습니다. 가족 구성원 간의 결속력이 약해지고 정情과 사랑이 희미해져 가는 현상을 우리는 그냥 시대의 변화로 받아들일 수밖에 없을까요? 하지만 그대로 방관만 하기에는 아쉬움이 남습니다. 가정은 여전히 우리에게 소중한 삶의 안식처요 터전이기 때문입니다. 사람은 혼자서 살아갈 수 없고 힘들 때 기대고 의지할 다른 사람을 필요로 하며, 그런 점에서 가족이라는 존재는 말할 수 없이 소중합니다. '조건 없는 사랑의 공동체'인 가족은 우리가 결코 포기할 수 없는 이상입니다.

결혼은 꼭 해야 할까요?

결혼은 반드시 치러야 하는 통과 의례라고 생각하나요? 통계청의 '2016년 사회조사 결과'를 보면, 우리나라 13세 이상 인구 중 결혼을 '해야 한다'고 보는 사람은 2명 중 1명 정도(51.9%)입니다. 그리고 '남녀가 결혼을 하지 않더라도 함께 살 수 있다'고 보는 사람 역시 비슷한 비중(48%)을 차지하고 있습니다. 이제 결혼은 필수가 아닌 선택으로 여겨지는 듯합니다. 그렇다면 결혼은 구시대의 유물로 새 시대에는 사라지거나 혹은 사라져야 하는 제도일까요?

결혼은 "해도 후회하고 안 해도 후회한다"는 말이 있습니다. 이 말은 결혼하여 사는 삶도 여러 장단점을 가지지만 결혼하지 않고 사는 삶도 역시 그러하다는 메시지를 담고 있습니다. 예전에는 특별한 사정이 없는 한 남녀가 성인이 되면 결혼하여 가정을 이루는 것을 당연한 것으로 보았지요. 그러나 요즘에는 혼자 살거나 결혼하지 않고 동거만 하는 사람들을 주변에서 적지 않게 볼 수 있습니다.

전통적인 가족제도에 큰 변화가 온 것은 산업혁명 시기부터일 것입니다. 과거 농경 사회는 농업 생산의 특성상 대가족제도를 필요로 했지만, 산업혁명 이후에는 핵가족이 적합한 가족제도로 간주되었습니다. 그리고 오늘날과 같은 정보화 시대에는 위에서 살펴본 것처럼 새로운 가족 형태가 계속해서 나타나고 있지요. 그래서 기존의 결혼과 가족제도를 고집할 필요가 없다는 견해도 등장하고 있습니다.

미래학자 앨빈 토플러는 대가족제도가 제1의 문명인 농업·수공업 시대에 적합한 가족제도이고, 핵가족제도는 산업혁명 이후의 제2의 문명에 적합한 가족제도라고 보았습니다. 그는 제3의 문명인 정보화 시대에는 새로운 유형의 가족제도가 등장할 것이라고 전망했습니다.

결혼하지 않고 사는 삶에는 일반적으로 독신獨身과 동거同居가 있습니다. 혼자 사는 삶인 독신을 선택하는 사람은 대체로 구속받지 않는 자유로운 삶을 원하는 사람일 가능성이 높을 테지요. 우리나라 여성의 경우 경제적 문제만 해결된다면 독신을 선택하려는 숫자가 남성보다 더 많은 것 같습니다. 이는 결혼과 함께 가사와 육아의 부담이 아직도 여성에게 더 많이 주어지는 우리 사회의 현실을 반영하는 것입니다.

'한국사회에서 여성으로 살아가기'. '결혼'이란 관문을 통과하면 임신·출산을 거쳐야 하고 엄마, 그것도 직장에서 일하는 엄마가 됐다면 일·가정·육아를 병행해 나가야 한다. 이 과정에서 사회·경제적으로, 육체·정신적으로 극복해야 하는 역경이 만만찮다. 굴곡 많은 한 편의 대하드라마 못지않다. 미혼 여성들이 결혼을 꺼리고 워킹맘들이 출산을 기피하는 이유다. … 특히 결혼적령기에 해당하는 30대 여성의 경우 50.1%가 '결혼하지 않을 계획'이라고 답했다. 그 이유로 '육아가 부담돼서'라는 답변이 24.7%에 달해, 여성들이 결혼 전부터 육아 부담을 느끼고 있는 것으로 조사됐다.

— [Working mom]미혼 여성 54% 독신 선호·육아 부담 등 이유로 결혼 안 하겠다, 《이코노믹리뷰》, 2012. 9. 3.

그런데 독신의 삶이 언제나 자유롭고 즐겁기만 한 것일까요? 그렇지는 않을 것입니다. 인간은 본래 다른 사람과 더불어 살아가게 되어 있기 때문에 홀로 있으면 쓸쓸함을 느끼지 않을 수 없습니다. 자신의 말을 들어주고 자신을 진심으로 이해하고 사랑하는 사람과 함께 살아갈 때 더 큰 행복을 누릴 수 있지 않을까요.

그래서 독신의 대안代案으로 결혼하지 않고 동거만 하는 삶을 생각해 볼 수 있습니다. 동거는 굳이 결혼이라는 제도 속에 편입되지 않고 결혼한 부부처럼 함께 사는 것을 말하지요. 따라서 사랑하는 사람과 자유롭게 만나 같이 살다가 서로 뜻이 맞지 않을 때는 자유롭게 헤어질 수 있다는 장점을 가집니다. 결혼이 부여하는 사회적 구속으로부터 벗어나 좀 더 자유롭게 사랑을 나누며 함께 지낼 수 있다는 것입니다.

하지만 동거에도 역시 문제점이 있습니다. 개인의 자유와 행복을 중시하는 현대인에게 결혼을 통해 공적 약속의 부담과 배우자에 대한 책임의 부담이 주어지지 않는다면, 두 사람 간에 지속적이고 긴밀한 인간관계를 유지하는 일은 매우 힘들어질 수 있습니다. 처음에는 서로의 강렬한 매력이 다른 성장 배경과 성격을 가진 두 사람의 차이를 극복할 수 있게 해 주지만, 시간이 흐르면서 점차 많은 문제와 갈등에 부딪힐 테지요. 그렇다면 둘은 제도에 구속되어 있지 않으므로 더욱 쉽게, 심지어는 더욱 무책임하게 헤어질 수도 있을 것입니다. 결혼을 통해 공식화된 인간관계의 인연, 서로가 짊어진 책임과 의무라는 구속이 없다면 사랑하는 사람과의 만남이란 너무나 가볍게 이루어졌다 사라지는 것이 될 수 있습니다.

어떤 가정을 만들어 가야 할까요?

아이는 부모, 가족, 타인의 헌신적인 사랑과 보살핌으로 성장합니다. 어린아이는 아직 모든 면에서 자신을 돌볼 수 없기 때문에 먹는 것, 입는 것, 자는 것 등을 다른 누군가가 보살펴 주지 않을 수 없습니다. 이 일은 엄청난 시간과 에너지를 필요로 하기 때문에 보통은 사랑과 정성으로 아기를 낳고 기르는 부모의 몫이 됩니다. 그런데 아이가 성인으로 성장하는 과정에서 어떤 이유로든 사랑을 충분하게 받지 못할 경우, 그는 힘든 삶을 살게 될 가능성이 있습니다. 세상을 신뢰하고 타인과 좋은 관계를 맺는 데 필요한 정서적 안정감이 흔들릴 수 있기 때문입니다. 그래서 UN 아동권리협약은 "아동은 완전하고 조화로운 인격 발달을 위하여 가족적 환경과 행복, 사랑 및 이해의 분위기 속에서 성장해야 한다"라고 강조하고 있습니다.

모든 사람은 사랑을 필요로 합니다. 가정은 서로를 사랑으로 보살피고 격려하는 삶의 안식처이자 터전입니다. 세상을 살아가면서 힘들고 지쳤을 때 언제나 서로를 위로하고 힘을 북돋아 주는 사랑의 공동체로서 가정은 소중합니다. 이러한 가정을 이루는 필수적인 요소는 서로 사랑하는 사람들일 것입니다. 특히 사랑하는 사람과의 결합으로 생긴 부부는 가정을 형성하는 첫 번째 인간관계입니다. 물론 오늘날 우리 사회에는 다양한 가족 형태가 존재하고 기본적으로 그 다양성은 존중되어야 할 것입니다. 그러나 부부 중심의 가족 형태가 경시되어서는 안 됩니다.

부부는 가정을 형성하는 중심축이고 한 인간과 한 인간이 맺을 수 있는 가장 친밀한 인간관계의 전형이라고 말할 수 있습니다. 부부를 시작으로 다른 모든 인간관계가 형성되고, 또 부부의 도리에서 다른 모든 인간관계의 도리가 나올 수 있습니다. 『중용』에는 "군자의 도道는 부부간의 평범한 삶에서 시작되어 이루어지는 것이니 그 평범한 세계라 할지라도 지극한 데 이르면 하늘과 땅에 꽉 들어차 빛나는 것이다"(12장)라는 말씀이 있습니다. 또한 다음 글도 전통적 가정윤리의 핵심을 잘 보여 줍니다.

한 가정 안에서 기본적으로 형성되는 인간관계를 요약해 보면 부부

> 관계, 부모 자녀 관계, 형제자매 관계라고 말할 수 있는데, 이는 흔히 말하는 오륜五倫 관계 중 삼륜에 해당한다. 오륜 중에서 삼륜이 한 가정 안에 있으므로 그 비중이 크다 할 수 있으며, 나머지 이륜 또한 이 삼륜 관계가 밖으로 확장된 데서 이루어지는 것이므로 가정은 인륜의 기초라고 해도 과언이 아니다.
>
> — 김충열, 『유가윤리강의』, 예문서원, 1998, 71쪽.

사람은 부모가 되는 경험을 통해서도 윤리적으로 크게 성장합니다. 부모가 아니면 이 세상에서 아무도 책임져 줄 수 없는 무력한 새 생명 앞에서 부모는 절대적인 책임을 느낄 수밖에 없습니다. 이렇게 부모가 된 사람은 자신의 행복을 추구하는 자기중심적 차원에서 벗어나 아이의 안전과 행복을 더 걱정하는 새로운 차원(도덕과 인륜)의 세계로 나아갑니다.

> 아이가 아니었다면, 나는 누군가를 먹이고 어르기 위해 한밤중에 꿀 같은 잠을 억지로 밀쳐 내며 일어나야 한다는 것을 몰랐을 것이다. 스스로 잠들지 못해 부대끼는 아이를 안고 밤새도록 좁은 집안을 뱅뱅 도는 누군가가 있다는 사실을 몰랐을 것이다. … 아이가 아니었다면, 나는 빙그레 머금는 웃음에 온 세상이 환해지는 경험을 하지 못했을 것이다. 나를 까맣게 잊고 누군가에게 맹목적으로 몰두할 수 있다는 것을, 그토록 회의를 품어온 '사랑'이라는 말의 실체가 이토록 엄연함을 알지 못했을 것이다.
>
> — 김별아, 『식구』, 베텔스만, 2004, 215~216쪽.

우리는 가정생활 속에서 개인의 자기중심성 극복이라는 도덕의 본질을 체험하며 인간다운 인간으로 성장합니다. 부부간, 부모와 자식간, 그리고 형제자매 간, 또는 다른 가족 구성원 간의 사랑과 보살핌을 통해서 도덕적 인간으로 거듭나는 것입니다.

이번 장에서는 오늘날 우리 사회에 다양한 가족 형태들이 있음을 확인하고, 가족의 내면적 규범과 연대의식이 약화됨에 따라 발생하는 문제점을 살펴보았습니다. 또한 기존의 결혼과 가족 제도의 대안으로 등장한 독신과 동거 생활의 장점과 단점을 생각해 보고, 결혼이라는 제도가 오늘날에도 여전히 유효한 이유를 고민해 보았습니다. 그리고 사랑과 정성으로 서로를 돌보는 가정의 소중한 가치를 음미하는 시간을 가졌습니다.

가족은 구성원들이 서로를 사랑하고 보살피며 평화와 안식을 취할 수 있는 공동체입니다. 시대가 바뀌면서 가족의 형태는 변화할 수 있겠지만 사랑의 공동체로서 가족의 본질적 의미는 변함이 없을 것입니다. 가족을 통해 우리는 서로를 사랑하고 배려하는 인류의 기본을 배울 수 있다는 점을 기억하면 좋겠습니다.

생각해 볼 문제

1. 다음 글을 읽고 현재 우리 사회의 가족에 대한 가치관을 정리해 봅시다.

젊은이들이 결혼하지 않고, 혼자 사는 사람이 늘어나는 저출산·고령화 시대에 전통적인 의미의 가족에 두는 가치도 퇴색하고 있는 것으로 나타났다. 사람들이 중시하는 가치는 '가족' 중심에서 '나'로 옮겨져 왔고, 이런 변화는 젊은 층과 여성에게서 두드러졌다. 한국보건사회연구원과 서울대 사회발전연구소가 수행한 '동아시아 국제사회조사 참여 및 가족태도 국제비교 연구' 보고서는 이런 가치관의 변화를 뚜렷이 드러낸다. 이 연구는 2006년과 2016년 전국 18세 이상 성인을 대상으로 실시한 설문조사 비교를 통해 가족에 대한 인식의 변화를 분석했다.

— 전통적 가족의 가치 사라진다 … "가족보다 나, 결혼보다 동거", 《연합뉴스》, 2017. 2. 2.

(표는 기사의 자료를 정리한 것임)

설 문	찬/반	2006	2016
아버지의 권위는 어떤 경우에도 존중되어야 한다.	찬성	84.3%	78.1%
가계 계승을 위한 아들이 있어야 한다.	찬성	56.7%	40.8%
자기 자신보다 가족의 안녕과 이해를 우선해야 한다.	찬성	79.9%	69.7%
결혼하더라도 아이를 가질 필요는 없다.	찬성	8.1%(남성) 12.4%(여성)	17.2%(남성) 24.4%(여성)
결혼할 의사가 없이 함께 사는 것도 괜찮다.	반대	65.1%	54.5%
결혼한 남자가 더 행복하다.	찬성	53.3%	51.2%
결혼한 여자가 더 행복하다.	찬성	57.1%	46.4%

2. 다음 글을 읽으며 자기 가족의 경우를 돌이켜 보고, 보다 화목한 가정을 위해 자신이 어떤 노력을 할 수 있는지 생각해 봅시다.

자녀의 입장

- 온화하고 느긋하던 부모님이 이제는 걱정과 불안으로 가득 차 보인다.
- 전에는 나를 항상 믿어주셨는데, 지금은 뭐든 캐묻고 의심하려 드신다.
- 전에는 내가 뭘 하든 좋아하고 인정해주셨는데, 지금은 자꾸 틀렸다며 지적만 하신다.
- 장난치길 좋아하는 부모님이었는데, 지금은 무거운 표정으로 공부하라는 말씀밖에 안 하신다.
- 전에는 뭐든지 기꺼이 해주시던 부모님이었는데, 이제는 자꾸 나더러 혼자 하라고 하시거나, 아니면 부모님을 위해서 뭔가를 해야 한다고 강요하신다.
- 내 생각을 자유롭게 표현하고, 하고 싶은 것을 마음껏 하라고 격려해주시던 부모님이 지금은 편협하게만 보이고 또 나를 가둬두시려는 것만 같다.
- 전에는 부모님과 함께 있으면 재미있었는데, 이제는 어쩐지 지루하다는 생각이 든다.

부모의 입장

- 어릴 때는 부모 옆을 잠시도 못 떠나더니, 청소년기가 되고서는 친구들하고만 있으려고 한다.
- 어릴 때는 엄마 아빠가 최고라더니만, 청소년기가 시작되고서는 부모를 비판하려 든다.
- 어릴 때는 부모에게 와서 미주알고주알 다 털어놓았는데, 청소년기가 되고 나니 숨기는 것도 많고 좀처럼 입을 열려고 들지 않는다.
- 어릴 때는 부모 말을 참 잘 들었는데, 청소년기가 되고 나니 능동적으로, 또 수동적으로 저항하기에 바쁘다.
- 어릴 때는 어떻게든 부모 마음에 들어볼까 노력하더니, 청소년기가 되어서는 사사건건 부딪칠 궁리만 하는 것처럼 보인다.
- 어릴 때는 부모와 동행하는 것을 자랑스럽게 여기더니, 청소년기가 되어서는 이를 창피하게 여기는 것 같다.
- 어릴 때는 부모의 애정표현을 구걸하다시피 했는데, 청소년기가 되니 우리의 다정한 손길마저 귀찮아한다.

— 칼 피크하르트, 문세원 역, 『자녀의 사춘기에서 살아남기』, 생각의집, 2015, 21~25쪽.

6장

성윤리

오늘도 교실 뒤쪽에서는 몇몇 학생들이 스마트폰을 들여다보며 시시덕거리는 소리가 들립니다. 아마도 '야릇한 무언가'를 함께 보고 있는 모양입니다. 초등학교 고학년쯤 되어 사춘기가 시작될 무렵이면 우리는 자연스레 이성에 관심을 가지게 됩니다. 동물이 일정 기간 성장하면 발정發情하여 짝을 찾듯이, 인간도 사춘기를 지나면서 성적으로 성숙해지고, 이성과의 결합을 준비하게 됩니다. 이것이 자연의 순리입니다.

인간을 포함한 모든 동물은 영양을 섭취해야 하기 때문에 식욕을 가지고, 번식을 해야 하기 때문에 성욕을 가집니다. 만일 우리가 식욕을 전혀 느끼지 못한다면 죽음에 이를지도 모릅니다. 또 전 세계 사람들이 성욕을 전혀 느끼지 못한다면 인류는 머지않아 멸종할 것입니다. 그래서 자연은 우리에게 식욕과 성욕이라는 본능적 욕구를 심어 놓았을 것입니다. 우리는 이 욕구 덕분에 개체보존과 종족보존

이라는 막중한 생물학적 과제를 수행할 수 있습니다. 이렇듯 식욕과 성욕은 생명체로서의 인간이 자연법칙에 따라 생물학적 기능을 수행하는 메커니즘의 일환이기 때문에 그 자체를 윤리적으로 문제 삼을 수는 없습니다. 윤리의 관심은 이러한 욕구를 어떻게 인간답게, 어떻게 인간의 도리에 맞게 충족하느냐에 있습니다.

성은 어떤 가치를 가질까요?

'성' 하면 무엇이 가장 먼저 떠오르나요? 섹스? 야한 동영상? 남자와 여자? 성소수자? 사랑? 스킨십? 말만 들어도 저절로 웃음이 나오고 속이 울렁거리며 흥분되나요? 아니면 무관심한 듯한 표정을 지으려 노력하는 중인가요? 아니면 부끄럽고 너무 사적인 것이어서 굳이 공개적인 장소에서는 이야기하고 싶지 않은가요?

성은 개인의 프라이버시에 속한 것이기 때문에 남에게 피해를 주지 않는 한 특별히 윤리적으로 논의할 필요가 없다고 보는 사람도 있습니다. 그러나 인간의 성은 본능적 욕구의 표현일 뿐만 아니라 인격체로서의 타인과의 관계를 지향하기 때문에 중요한 윤리적 주제가 될 수 있습니다. 또한 가정이나 공동체의 질서 및 여러 가치와 깊이 관련되어 있으므로 함께 이야기해 보면 좋겠습니다.

우리의 몸과 마음을 들썩이게 만드는 성은 어떠한 가치를 지니고 있는지 하나씩 생각해 볼까요. 일차적으로 성은 종족보존을 위해 수행되는 생물학적 활동이니 생식 가치가 있다고 말할 수 있겠지요. 성기를 흔히 생식기라고 말하는 것은 이런 이유에서입니다. 남녀의 성관계를 통해 새로운 생명이 탄생되는 생식의 가치를 성은 가지고 있습니다.

또 이렇게 중요한 일을 소홀히 하지 말라는 뜻에서 자연은 성적 활동에 강력한 감각적 쾌락이 따르도록 했을 것입니다. 성적 쾌락은 인간이 경험할 수 있는 쾌락 중 가장 강렬하면서도 황홀한 것입니다. 대부분의 대중가요, 영화, 소설, 드라마에서 남녀의 만남과 성애性愛에 관한 이야기가 빠지지 않고 등장하는 것은 이러한 인간의 조건과 그에 따른 자연스러운 우리의 관심을 반영하는 일일 것입니다. 여러분이 매일 듣고 흥얼거리는 아이돌 가수의 노래 가사를 떠올려 보아도 성의 쾌락적 가치가 자연히 이해되지요.

그런데 인간의 성은 다른 동물과 공유하고 있는 생식 가치와 쾌락 가치 이외에 인간만이 지닌 또 다른 가치를 지닙니다. 인격 가치가 바로 그것입니다. 사랑하는 두 사람이 신체적으로 또 정신적으로 하나가 되는 인격적 만남이 성을 통해서 이루어질 수 있습니다. 그리고 이러한 만남을 통해 인간은 한 개인으로서 이루기 힘든 인격적 완성을 향해 한 걸음 더 나아갈 수 있습니다.

특히 성의 인격적 가치를 잘 보여 주고 있는 책인 에리히 프롬의 『사랑의 기술』을 여러분과 함께 읽어 보고 싶답니다. 프롬은 대부분의 사람은 사랑이라고 하면 흔히 '대상'을 떠올린다고 비판하고 있어요. 대상이란 사랑하고 있는 그 사람, 또는 사랑하는 사람을 위해 주고받은 선물 등을 가리키겠지요. 그러나 프롬은 진정한 사랑이란 사랑을 표현할 수 있는 '활동', 즉 사랑하는 사람을 위해 내보일 수 있는 자신의 강력한 힘과 그 사람을 위한 자신의 태도에 주목해야 한다고 말합니다. 예를 들어, 그를 위해 내가 가지고 있는 사랑의 힘을 펼침으로써 나와 그의 가능성을 온전히 실현할 수 있다는 데에 사랑의 참의미가 있다는 것이지요.

> 사랑한다는 것은 아무런 보증 없이 자기 자신을 맡기고 자신의 사랑이 사랑을 받는 사람에게서 사랑을 불러일으키리라는 희망에 완전히 몸을 맡기는 것을 뜻한다.
>
> — 에리히 프롬, 황문수 역, 『사랑의 기술』, 문예출판사, 2012, 170쪽.

이렇게 인간의 성은 생식 가치, 쾌락 가치, 인격 가치를 지니지만 이러한 가치가 저절로 쉽게 실현되는 것은 아닙니다. 이를 실현하기 위해서는 몇 가지 윤리적 덕목이 요청됩니다.

우선, 성의 생식 가치와 관련하여 책임의 덕목이 필요합니다. 책임 있는 사람은 성적 활동을 하기 전에 그것이 임신과 출산으로 이어질 가능성을 고려합니다. 예를 들어 임신과 출산을 생각하며 적절한 양육 조건을 갖추는 준비를 함으로써 책임을 질 수 있습니다. 부모로서의 책임을 다하겠다는 마음 자세와 양육 준비가 없다면 아이를 출산하고 양육하는 데 문제가 발생할 수 있습니다.

다음으로, 성의 쾌락 가치와 관련하여 절제의 덕목이 요청됩니다. 사람이 성적 쾌락에 탐닉하여 지나치게 쾌락을 추구하게 되면 방탕한 생활 속에서 심신의 건강을 잃기 쉽습니다. 또한 쾌락주의의 역설에 직면할 수도 있습니다. 즉 쾌락을 지나치게 추구하면 쾌락을 얻기보다 오히려 권태나 고통을 맛보게 되는 역설적 상황에 처할 수 있습니다. 고대 그리스 철학자 아리스토텔레스는 쾌락에 무감각하지도 않고 방탕하지도 않은 적절한 중간[중용]으로서 절제의 덕목을 강조하였습니다.

> 절제 있는 사람은 이런 것들에 대해 중간의 방식으로 관계한다. 그는 무절제한 사람이 가장 즐거워하는 것들에서 즐거워하는 것이 아니라 오히려 불편해하고, … 즐거움이 없다고 고통스러워하지도 [않고] … [설령 욕망하더라도] 적절하게 욕망할 뿐, 마땅한 것 이상으로 욕망하지도 않[는다].
>
> — 아리스토텔레스, 강상진 외 역, 『니코마코스윤리학』, 길, 2011, 118쪽.

끝으로, 성의 인격 가치와 관련하여 인격 존중과 헌신의 덕목을 강조할 수 있습니다. 우리는 성적 활동에서 상대방을 나의 성욕을 채우기 위한 단순한 수단으로 여겨서는 안 되고, 언제나 동시에 목적이 되는 인격으로서 존중해야 합니다. 이해를 돕기 위해 예를 하나 들어 볼까요. 한 남학생이 야한 그림을 보고 있다고 합시다. 이때 그 그림에 나오는 여성은 우리가 모르는 어떤 모델입니다. 그런데 만일 이 모델이 우리 가족이거나 우리가 잘 아는 사람이라면(물론 그럴 리는 없겠지만 하나의 사고실험으로서) 여러분은 어떤 생각이 들 것 같나요? 이런 사고실험을 통해서 상대방을 오로지 내 욕구 충족의 수단으로 바라보는 관점과 언제나 목적 그 자체인 인격으로 바라보는 관점 사이에는 큰 차이가 있다는 것을 알게 됩니다. 성을 오로지 자기중심적인 욕구의 해소 차원에서 바라보지 않고 한 인격체인 실제 인간과의 만남으로 바라보는 한, 우리는 하나의 살아 있는 인간관계의 차원에 들어서게 됩니다. 그리하여 서로 사랑하고 헌신하는 자세를 통해 인간이 지상에서 누릴 수 있는 가장 행복한 삶을 경험하게 됩니다.

성은 어디까지 허용될 수 있을까요?

아래의 자료는 청소년의 성관계 경험 비율과 성관계를 처음 시작한 나이를 보여 주고 있습니다. 여러분은 이 수치에 대해 어떻게 생각하나요? 자연스레 혼전 순결 논쟁과도 연결 지을 수 있을 듯하네

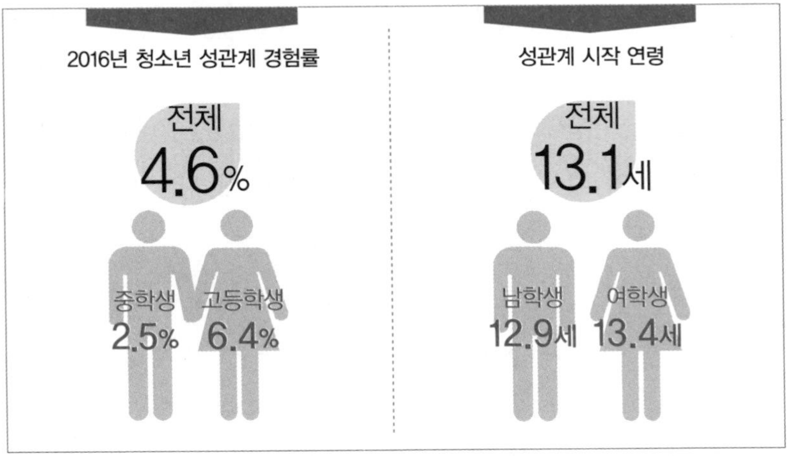

자료: 질병관리본부 2016년 청소년 건강행태 온라인조사

요. 혼전 순결이란 결혼하기 전에 타인과 어떠한 성적 관계도 맺지 않는 것입니다. 어떤 학생은 성관계란 반드시 결혼 이후에 해야 하는 것이라고 주장합니다. 또 어떤 친구는 혼전 순결이라는 말 자체를 못마땅해하며 성적 쾌락을 자유롭게 누리는 것을 우선시하는군요. 또 다른 학생은 정말 사랑하는 사람이 생길 경우에는 결혼 전이어도 고려해 볼 수 있다고 말합니다. 학생들의 대답을 정리해 보면 성윤리는 대략 세 가지 입장으로 나뉘는 것 같습니다.

첫 번째 학생의 대답은 보수주의적 입장에 서 있다고 볼 수 있습니다. 이것은 서양의 경우 전통적 그리스도교 윤리와 동양의 경우 전통적 유교 윤리에서 찾아볼 수 있습니다. 이 입장에 따르면 성은 결혼 및 출산과 관련될 때에만 도덕적인 것이 됩니다. 그러므로 이 입장은 혼전 금욕을 중시하고, 결혼 이후에는 배우자에 대한 성적 지조를 강조합니다. 보수주의적 입장은 부부의 신뢰와 사랑을 유지하는 데, 그리고 책임 있는 자녀교육을 하는 데 기여해 왔습니다.

두 번째 학생은 자유주의적 혹은 쾌락주의적 입장입니다. 이 입장에 따르면 성의 중심적인 가치는 쾌락입니다. 쾌락은 그 자체로 좋은 것인데, 성은 이러한 쾌락을 낳기 때문에 성적 쾌락을 추구하는 것은 그 자체가 목적이 될 수 있다고 보는 것입니다. 이러한 입장은 성적 쾌락 추구의 자유를 강조하기 때문에 '자유주의적 입장'으로 불립니다. 특히 오늘날 피임 기술이 발달하여 성과 생식의 분리가 쉬워졌고, 이것이 성적 자유를 요구하는 목소리에 큰 힘을 실어 주었습니다.

물론 자유주의적 입장이 성적 방종을 주장하는 것은 아닙니다. 이 입장은 성적 쾌락의 추구에는 다음과 같은 제한 조건이 따른다는 점을 인정합니다. 즉 성관계는 충분한 분별력과 책임의식을 지닌 성인들 사이에서 이루어져야 하고, 양쪽 모두가 합의한 상태에서 이루어져야 하며, 타인에게 해를 끼쳐서는 안 됩니다. 이러한 조건이 충족된다면 그것이 혼전의 성이든, 혼외의 성이든, 특이한 형태의 성이든 모두 허용될 수 있다고 보는 것입니다. 또한 이 입장은 그러한 조건하에서는 설령 사랑이 동반되지 않는 성이라 하더라도 문제 될 것이 없다고 봅니다.

세 번째 학생은 중도주의적 입장에 서 있군요. 이 입장은 성의 중심적 가치를 사랑으로 봅니다. 그래서 사랑이 있는 성은 옳고, 사랑이 없는 성은 그르다고 봅니다. 사랑은 다른 동물의 짝짓기와는 다른 인간적 성의 고유한 가치이기 때문에 사랑을 통해 인간의 성은 동물적 차원을 넘어설 수 있다고 봅니다. 그래서 서로의 사랑이 전제된다면 혼전 성관계도 허용됩니다. 이러한 입장을 중도주의라고 부르는 것은 보수주의적 입장과 다르면서도 사랑이 전제된 성을 강조한다는 점에서 자유주의적 혹은 쾌락주의적 입장과도 다르기 때문입니다.

여러분은 성에 대한 보수주의, 자유주의 또는 쾌락주의, 중도주의의 입장 중에서 어느 쪽을 가장 지지하나요? 자신이 어떠한 결정을 내릴 것이고 그 근거는 무엇인지를 파악하기 위해, 여러분이 성적 행위와 관련된 구체적 상황에 처해 있다고 상상해 보는 것도 좋을 듯합니다. 이 주제로 조금 더 생생한 근거를 가지고 친구들과 토론해 볼 것을 추천합니다.

동물과 구분되는 인간의 성이란 어떤 것일까요?

인간의 성적 활동은 인간과 인간의 만남입니다. 그리고 성관계에서 만나는 두 사람은 존엄성을 지닌 인격체입니다. 만일 상대방을 단지 성적 쾌락의 수단으로만 여긴다면 이것은 인간 존엄성을 훼손하는 일에 해당합니다. 서양 철학자 칸트는 다음과 같이 말했습니다.

> 만일 사람이 이익을 위해 자기 자신을 타인의 성욕 충족의 대상으로 삼는 데 동의한다면, 그래서 자기 자신을 타인의 욕구 대상으로 만든다면, 이때 그는 마치 물건을 처분하듯이 함부로 자기 자신을 처분하고 있는 것이다.
>
> — 칸트, 『윤리학 강의』

이러한 칸트의 말은 "인격을 단지 수단으로만 여기지 말고, 언제나 동시에 목적으로 대우하라"는 정신을 잘 보여 줍니다.

인간의 성은 생물학적 본능의 차원뿐만 아니라 우리의 인간다움이 드러나는 인격의 차원을 함께 지닙니다. 이 두 차원은 구체적인 인간에게서 완전히 분리될 수 없습니다. 바람직한 성은 이 두 차원을 모두 고려해야 합니다. 오늘날 우리는 성을 지나치게 부추기는 풍토 속에, 어떤 의미에서는 성적 자극의 홍수 속에 살고 있습니다. 주변의 광고나 텔레비전, 영화 속에서 성의 상품화는 너무나 쉽게 목격됩니다. 그래서 성에 대한 올바른 가치관을 가지는 데 어려움을 겪을 수도 있습니다. 그럼에도 우리는 존엄한 인격을 지닌 존재로서 인간적 성, 보다 좋은 성을 추구하는 노력을 계속해야 할 것입니다.

이러한 노력을 응원하기 위해, 인간에게 있는 성적 수치심을 소개하면서 마무리하고자 합니다. 성적 수치심은 단순히 습관이나 학습의 산물이 아니며, 오직 인간만이 지닌 감정으로서 "단순히 본능적인 존재로 떨어지지 않겠다"라는 하나의 자연적 방어기제라고 할 수 있습니다. 성적 수치심은 대체로 성적인 성숙과 함께 생겨나는데, 자신을 다른 사람으로부터 성적으로 보호함으로써 인간다운 방식의 결합을 준비하는 기능(예를 들어 결혼할 때 깨끗하게 증여할 가치를 적립하는 것)을 합니다. 이렇게 본다면 인간의 성적 활동은 남녀가 서로 자신을 증여하는 헌신적인 영육靈肉의 표현입니다. 그렇기 때문에 성은 자기중심적인 것이 되거나 쾌락만을 위한 것이 되어서는 안 됩니다.[7]

7 진교훈, 『현대 사회 윤리 연구』, 울력, 2003, 제14장 참조.

이번 장에서 우리는 성이 생식, 쾌락, 인격의 가치를 지니며 이의 실현을 위해서는 책임, 절제, 인격 존중 및 헌신의 덕목이 요청됨을 살펴보았습니다. 또한 성윤리와 관련한 보수주의, 자유주의, 중도주의의 입장을 살피고 인간의 성적 수치심에 대해 알아보았습니다. 이러한 공부가 성과 관련한 여러분의 성찰에 도움이 되길 기대합니다.

생각해 볼 문제

1. 다음 글을 읽고, 섹스 로봇의 장점을 강조하는 사람에게 어떤 근거를 들어 그의 주장을 반박할 수 있을지 말해 봅시다.

> 먼 미래의 어느 날을 무대로 한 스티븐 스필버그의 2001년 작 공상과학 영화 〈에이아이〉(A.I.)에는 꽃미남 '남창 로봇' 지골로 조(주드 로)가 등장한다. 조는 인간을 사귀고 싶어하는 여성 로봇 패트리샤에게 "로봇 애인을 경험하면 다시는 인간 남자친구를 만들고 싶다는 생각이 없어질 거야."라고 충고한다.
>
> 미래 상상에 어김없이 등장하는 것 중 하나가 섹스 로봇이다. 과연 우리는 로봇과 섹스하는 시대를 맞을 것인가? 유명 체스 선수이자 인공지능(AI) 전문가인 영국의 데이비드 레비(David Levy)는 2007년 자신의 저서 〈로봇과의 사랑과 섹스〉(Love and Sex with Robots)에서 2050년이면 섹스 로봇이 일반화할 것이라고 주장한 바 있다. 그의 주장은 기술적으로는 로봇 공학 및 컴퓨터 프로그래밍 분야의 발전에, 상업적으로는 세계의 방대한 성매매 시장 규모에 근거한 것이다.
>
> 그 말고도 섹스 로봇의 등장을 예상하는 사람들은 성 상품화 논란 등 윤리적 문제로부터의 해방, 성병으로부터의 안전, 다양한 서비스 등을 섹스 로봇 산업 등장의 근거로 제시한다.
>
> — 가까운 미래, 로봇섹스시대 열릴까, 《한겨레》, 2013. 8. 29.

2. 다음 세 편의 글을 읽고 '성노동' 개념이 과연 인정될 수 있는지, '합의에 의한 성매매'는 정당화될 수 있는지, 성매매 당사자를 처벌하는 정책이 과연 타당한지에 대해 토론해 봅시다.

"성노동자들은 전 세계에서 가장 소외된 집단 중 하나이며, 차별과 폭력과 학대의 위험에 늘 노출돼 있습니다. 성노동자의 인권을 보호하고 이들이 겪고 있는 학대와 폭력을 줄일 수 있는 최선의 방법은 성노동과 관련된 모든 것들을 비범죄화하는 것입니다."
2015년 8월 11일 국제앰네스티가 최근 아일랜드 더블린에서 열린 국제대의원총회에서 "성노동자 인권보호를 위해 '합의에 의한 성매매'를 범죄로 보지 않는 정책 마련을 각 나라에 권고한다"고 의결하면서, 전 세계 여성·인권단체들 사이에서 격렬한 논쟁을 불러일으켰다.

'성노동'을 인정하자는 국제엠네스티의 결정은 결국 '성매매' 안의 모든 착취자들, 성 매수자, 직접적 알선 행위를 하는 포주와 이를 둘러싼 소개업자, 투자자 등을 포함한 인신매매 자본가들에게 면죄부를 주고 이들의 범죄행위를 사업으로 인정하는 것이다.
성매매는 약자에 대한 착취를 기반으로 한다. 성별과 계급, 인종 등 모든 범위에서 상대적 약자에 위치한 이들의 몸을 성적 대상으로 이용하고 모멸감을 안겨주는 악질적 노예제가 실천되는 것이 바로 성매매다. 성매매 안에서 착취의 대상이 됐던 많은 여성이 이를 증언

하고 있다.

…

한국의 성매매경험당사자네트워크 '뭉치'는 "성매매 여성의 생계를 핑계로 성 매수자와 성매매 알선업자에 대한 반인권적 행위에 대한 처벌을 미루고, 이러한 행위를 방지할 사회적 책임을 다하지 않으려는 이들이 과연 무엇을 얻기 위해 그리 하는지 물어달라"고 한다. 성노동자를 위해 성 매수자와 성매매 알선업자를 포함한 성매매 시장을 규제하지 말라는 엠네스티의 주장이 과연 무엇을 지키기 위한 것인지, 적절한 규제 없이 약자가 보호받는 시장이 역사상 존재했는지를 묻고 싶다. 더구나 사회적으로 가장 취약한 계층이 성매매 여성이라고 말하는 이들이 이런 주장을 했다는 것은 21세기의 가장 황당한 이야기가 될 것이다.

— 신박진영, 국제엠네스티, 인권에서 여성 존재 지웠다, 《여성신문》, 2015. 8. 18.

2015년 8월 11일 국제앰네스티는 각국에 성노동을 비범죄화할 것을 요구하기로 의결했다. 문제가 되는 점은 성노동자들의 인권을 보호한다면서 성판매자뿐만 아니라 성구매자와 알선자까지 처벌에서 제외할 것을 권고했다는 점이다.

앰네스티의 논리는 이렇다. ① 인류 역사상 매춘은 끊이지 않고 있었고, 현재도 있으며, 앞으로도 있을 것이다. ② 매춘이 범죄화된 사회에서는 매춘 여성의 보건 위생 및 각종 처우가 열악하다. ③ 매춘을 근절하려 하면 오히려 음지로 숨고, 매춘 여성의 인권 상황은 더욱 열악해질 것이다. ④ 따라서 매춘을 근절하려 하기보다는 다른 스웨덴 등 북유럽 국가들은 인신매매업자와 알선업자, 성구매자만 처벌하며, 성판매자들은 성 산업의 피해자로 간주해 처벌하지 않고 자활을 돕는데, 이러한 방침을 '노르딕 모델'이라고 부른다.

방법을 활용해야 한다. ⑤ 매춘을 허용하지 않되 성구매자만 처벌하는 '노르딕 모델'은 실패했다. ⑥ 매춘을 전면적으로 허용하여 성판매자와 성구매자 모두를 처벌하지 않아야 성노동자의 인권을 실질적으로 보호할 수 있다.

앰네스티의 입장에 반대하는 진영에서도 ①~③에는 동의한다. 그러나 ⑤에 대해서는 의문을 나타낸다. 그리고 ⑥에 대해서는 더더욱 의문을 제기한다. 반대 진영에서 보기에, 성노동자의 인권을 운운하기 이전에 매춘 행위 자체가 인권에 반하는 행위이다. 인권에 반하는 행위를 허용하면서 인권을 보장하려 한다는 것은 어불성설이라는 것이다.

— 차승한(현직교사, 서울대학교 대학원 윤리교육과 박사과정)의 과제물(2015년 2학기)에서 인용.

7장

직업윤리

꿈이 뭐니? 커서 뭐할래?

언제부터인가 달갑지 않은 질문이 되어 버렸습니다. 어른들이 나를 걱정해 주는 마음은 충분히 알겠는데 문득 반항심이 솟아올라 소위 '오지랖'이 아닌가 싶습니다. 현재 나도 생각하는 중이고, 흥미와 적성에 맞는 일을 하라고는 들었는데 내가 무엇을 잘하는지, 또 좋아하는지 나도 잘 모르겠습니다. 하고 싶은 일을 겨우 정했다고 해도 과연 잘 해낼 수 있을지 불안하고 가끔은 앞이 깜깜한 것 같아 피하고 싶기도 합니다. 부모님은, 선생님은, 어른들은 왜 이렇게 느긋하지 않고 재촉하기만 할까요?

그러다 고등학교 3학년이 되면 학생들도 마음이 조급해지기 시작합니다. 학기 초부터 누구는 이미 4년제 대학 수시 원서를 제출할 학교 및 학과 여섯 군데를 모두 결정했다는 소문이 들립니다. 진로뿐 아니라 본인의 성적도 고려해야 하니 깜깜한 현실에 불안감이 가중

됩니다. 그러다 어느덧 미루고 미뤘던 대입 자기소개서를 마감하는 날짜가 다가옵니다. 선생님은 각 문항에 대한 답변을 쓸 때 '전공 적합성'을 잘 살려 구체적으로 서술해야 한다고 말씀하시지만, 쉽지 않습니다.

직업 탐색은 나를 발견하는 여행

도대체 나의 흥미, 적성과 특기는 무엇일까요? 이를 바탕으로 무슨 일을 하면서 돈을 벌어야 할까요? 이 방향으로 가기 위해 꼭 대학을 가야 할까요? 가야 한다면 무슨 학교 어떤 과에 진학해야 할까요? 졸업하면 취업이 보장될까요? 나중에 일을 직접 해 보니 생각했던 바와 너무 다르면 어떡하죠?

학교에서 진로교육을 강화하는 추세에 따라 진로 과목이 개설되고 있고 직업체험을 접할 수 있는 기회도 늘었습니다. 그러나 막상 학교 안에서 관찰할 수 있는 직업은 '교사'를 비롯하여 십여 개에 지나지 않는 것 같습니다. 여러분의 생활 반경도 한정되어 있습니다. 대체적으로 학교, 집, 학원, 독서실, 근처 번화가를 오가는 정도입니다. 그나마 대중매체나 스마트폰을 통해서 여러 직업을 간접적으로 확인할 수 있습니다. 이런 상황에서 어떤 한 단면만을 본 채 이건 바로 나에게 꼭 맞는 일이라고 성급하게 결정해도 되는지 주저하게 됩니다.

사회가 너무 빨리 변하는 바람에 많은 직업이 갑자기 생겨났다가 사라지는 일이 반복됩니다. 몇 년 전만 해도 뉴스에서 유망 직종으로 소개되었지만 지금은 소리 소문 없이 사라진 직업이 있습니다. 전혀 생각하지 못한 분야가 갑자기 인기 직종으로 떠오를 수도 있습니다. 한국표준직업분류에 따르면 우리나라의 직업 종류는 만여 가지가 넘습니다. 이렇게 많은 선택지 속에서, 예측할 수 없는 미래 속에서 나는 무엇을 선택해야 하나요.

결국 부모님과 선생님의 조언을 따르게 됩니다. 성적에 맞춰서 대학을 가고 학과를 고릅니다. 사회에서 인정받을 수 있는 일이 무엇인가 눈치를 봅니다. 다른 사람의 평판에 귀를 기울입니다.

진지하게 마주하기

헨리 데이비드 소로는 "인생을 놀듯이 보내거나 공부만 하지 말고 처음부터 끝까지 그것을 진지하게 살아보라"[8]라고 조언합니다. 인생을 진지하게 산다는 것은 자신을 속이지 않고 스스로에게 직면하라는 말입니다. 한 번밖에 주어지지 않은 귀중한 삶이니 헛되이 보내지 말고, 사회가 만들어 놓은 기준에 숨지도 말구요. 직업을 갖기 위해 이리저리 고민하는 과정은 나를 발견해 나가는 경로와 흡사합니다. 여러분이 지금 혼란스러워하는 것은 당연합니다. 어쩌면 평생 나에

8 헨리 데이비드 소로, 강승영 역, 『월든』, 은행나무, 2011, 82쪽.

게 걸맞은 일을 찾지 못해 헤맬 수도 있다고 생각합니다. 내가 누구인지 알아 가는 과정은 죽을 때까지 계속되는 것이니까요.

진지하게 살 수 있는 또 다른 방법은 무엇이든 과감하게 시도해 보는 것입니다. 적성검사도 받아 보고 주변 사람들에게 궁금한 것을 물어보고 관련 책자와 잡지도 읽어 보고 인터넷 검색도 좀 해 보고 여행도 훌쩍 떠나 보고 현장에 몸소 뛰어들어 보는 겁니다. 다양한 경험을 시도하고 용기 있게 도전해 보는 겁니다. 남들이 뭐라고 잔소리해도 말이죠. 〈별이 빛나는 밤에〉, 〈감자 먹는 사람들〉로 유명한 고흐도 활동 당시에는 시원찮은 돈벌이에 보잘것없는 화가 취급을 받았습니다. 그러나 "언젠가 내 작품을 통해 그런 괴팍한 사람, 그런 아무것도 아닌 사람이 그의 가슴에 가지고 있는 것을 보여 주겠어"[9]라는 그의 다짐은 그가 역경 속에서도 그림에 대한 열정을 잃지 않았음을 보여 줍니다.

이름값 하라

진로, 직업과 관련된 윤리 문제에 대해 수업을 하다 보면 학생들은 매번 부러운 듯이 말합니다. "선생님은 좋겠어요." 그러면 저는 눈을

9 이동섭, 『반 고흐 인생수업』, 아트북스, 2014, 124쪽에서 재인용.

동그랗게 뜨고 궁금한 듯 이유를 묻지요. "더 이상 지긋지긋한 공부를 하지 않아도 되잖아요. 이미 수능도 치렀고 대학도 나왔고 취직에도 성공했잖아요. 월급이 '또박또박' 들어오고 정년이 보장되는 공무원이잖아요. 교사는 한국에서 사회적 지위가 높은 직업이잖아요."

저는 분명 학교에서 여러분을 가르칠 수 있는 교사입니다. 사범대를 졸업하여 교단에 설 수 있는 자격증은 부여받았으니까요. 그러나 학생들의 질문과 하소연이 섞인 말을 듣다 보면 과연 교사의 자질은 갖추고 있을까, 스스로에게 묻게 됩니다.

학교에서 매일 만나는 선생님, 그리고 유치원 때부터 거쳐 간 수많은 선생님을 떠올려 보세요. 대부분의 선생님은 교육에 대한 확고한 신념을 지니고 있고 여러분을 가르치는 데 열정적입니다. 그뿐만 아니라 교사에게 주어진 업무 및 학생 지도와 학부모 상담을 잘 해내고 있습니다. 그렇지만 그렇지 않은 선생님도 있는 것 같습니다. 하루에 8시간 이상을 보내는 학교에서 학생과 함께하는 시간을 회피하려고 합니다. 자격만 갖춘 채 자질은 부족한, 그저 그런 교사가 결코 되지 않으리라 다짐했는데 현재 제 모습은 어디에 더 가까울까 반성하게 됩니다.

누구나 직업을 가질 수는 있습니다. 하지만 직업의 이름에 걸맞은 '~다움'을 갖추고 있는가는 또 다른 문제입니다. 특정 분야에서 '장인匠人'이라고 부르는 사람을 떠올려 봅시다. 최고가 되겠다는 일념으로 몇십 년간 한 가지 분야를 팠습니다. "이 정도면 되었다"라고 타협하는 법이 결코 없습니다. 단 하나를 제작하더라도 혼과 자존심을 걸고 최선을 다합니다. 이렇게 직업정신이 투철해야만 비로소 장인이라는 명칭을 부여받을 수 있습니다.

이름값 하는 직업인은 그 직업의 본질에 충실합니다. 우리가 흔히 성공했다고 말하는 직업인 의사, 법조인, 정치인 등은 주변에서 쉽게 찾아볼 수 있습니다. 그러나 그들이 의사다운 의사, 법조인다운 법조인, 정치인다운 정치인인가에 대해서는 면밀하게 살펴야 합니다. 진짜들은 돈, 지위, 명예는 차후 부수적으로 따라오는 것으로 여깁니다. "의사의 의무는 죽음을 늦추거나 환자에게 예전의 삶을 돌려주는 것이 아니라, 삶이 무너져 버린 환자와 그 가족을 가슴에 품고 그들이 다시 일어나 자신들이 처한 실존적 상황을 마주 보고 이해할 수 있을 때까지 돕는 것이다"[10]라고 말하는 의사에게 존경심은 저절로 생길 수밖에 없습니다. 환자를 돈으로 여기듯 제품 구매와 이런저런 시술을 강권하는 의사보다 말이지요.

정명正名, 직업의 이름에 걸맞게 행동하다

직업의 이름에 걸맞게 하라. 유가의 '정명正名' 사상이 떠오릅니다. 정명의 뜻은 '이름을 바르게 하다'입니다. 군주는 군주답게, 신하는

10 폴 칼라니티, 이종인 역, 『숨결이 바람 될 때』, 흐름출판, 2016, 198쪽.

신하답게, 부모는 부모답게, 자식은 자식답게 행동하라(군군신신부부자자君君臣臣父父子子)로 풀이할 수 있습니다. 이를 직업에 대입해 봅시다. 어떤 직업을 얻었으면 그 이름값을 해야지 일을 통해 얻는 수입이나 권력을 뻔뻔하게 밝혀서는 안 된다는 겁니다.

유가 사상이라고 해서 돈, 지위, 명예는 미천한 것이니 배척해야 한다고 주장하지 않습니다. 오히려 나의 올바른 행동 뒤에 따라오는 현실적 성공의 결과물을 굳이 거절할 필요는 없다고 말합니다. 다만 "부와 높은 지위는 누구나 원하지만 정당하게 얻지 않았다면 그것을 누려서는 안 된다"(『논어』, 「이인」, "子曰 富與貴是人之所欲也 不以其道得之不處也")라는 공자의 말은 명심할 필요가 있습니다. 정정당당함과 개인의 욕심 중 우선순위를 구별하지 못하는 '같잖은' 직업인에게 일침을 가합니다.

정치인과 공직자는 국가를 위해 봉사하고 시민을 대신하는 업을 맡고 있습니다. '수기안인修己安人'은 다스리는 위치에 있는 사람은 먼저 스스로를 바로 세우고 나서 다른 사람을 다루는 일에 임해야 한다는 점을 알려 줍니다. 그러나 오늘날의 많은 대리인은 주인을 섬기기는커녕 대리인을 위해 주인이 존재한다고 착각하는 것 같습니다. 공공의 이익보다 자신의 욕심을 채우기에만 급급합니다. 약 250년 전 정약용은 따끔하게 물었습니다. "통치자가 백성을 위해 존재하는가, 아니면 백성이 통치자를 위해 존재하는가?" 그는 다스리는 위치에 있는 사람일수록 검소하고 청렴해야 한다고 강조하였습니다. 부정부패로 골머리를 앓고 있는 오늘날 대한민국 사회에 다음과 같은 그의 지적은 여전히 유효합니다.

> 백성을 사랑하는 근본은 아껴 쓰는 데 있고, 아껴 쓰는 것의 근본은 검소함에 있다. 검소해야 청렴할 수 있고, 청렴해야 자애로울 수 있으니, 검소함이야말로 목민하는 데 있어서 가장 먼저 힘써야 할 일이다.
>
> — 정약용, 다산연구회 편역, 『정선 목민심서』, 창비, 2005, 24쪽.

밥벌이하기 힘든 구조적 문제

우리는 먹고살기 위해 일을 해야 합니다. 자아 실현, 사회 발전에 기여하는 것이 직업을 가지는 중요한 목적임에는 틀림없으나 '생계 유지'는 현실적이고 시급한 목적에 해당합니다. 그런데 이 먹고사는 문제를 일을 하며 해결하는 것이 참 쉽지 않습니다. 청년, 중장년, 노년층 등 모든 연령대의 사람들이 밤낮으로 열심히 일하고 있는데도 삶이 팍팍하다고 한숨을 내쉽니다.

몇 년 전 대한민국을 강타한 신조어인 '헬조선', '흙수저', '금수저'는 능력을 발휘하기 위해 열심히 노력해도 어떤 한계에 부딪힐 수밖에 없는 우리 사회의 단면을 보여 줍니다. 개천에서 더 이상 용이 나지 않는 사회가 되어 버렸습니다. '개 · 돼지'처럼 일해도 여전히 '개 ·

돼지'에서 벗어날 수 없는 것 같습니다. "능력 없으면 너희 부모를 원망해. 돈도 실력이야"라고 어느 SNS에 적혀 있던 글은 국민의 분노를 샀습니다. 동시에 개인이 어떻게 바꿀 수 없는 거대한 사회 구조적 모순 앞에서 우리를 좌절하게 만들었습니다.

청년 비정규직 문제

어느 지하철역, 고장 난 스크린도어를 정비하던 97년생 청년은 반대편에서 달려오는 열차를 피하지 못하고 세상을 떠났습니다. 촉박한 일정에 맞춰 움직여야 했기 때문에 자신의 목숨을 담보로 일을 해야 했습니다. 그의 가방에는 아직 끼니를 해결하지 못했음을 알려 주는 컵라면이 들어 있어 안타까움이 더했습니다. 그는 용역 업체에 비정규직으로 고용되어 최저임금을 받는 청년이었습니다. 안전하게 일할 수 있는 환경에서 근무하는 일자리를 얻는 게 왜 이렇게 어려운 일이 되었을까요?

> 60세 미만 근로자 가운데 청년층만 비정규직의 비율이 높아진 것으로 파악됐다. 청년 취업자를 늘리는 것 못지않게 좋은 일자리를 만드는 것도 중요하다는 지적이 나온다. [2018년] 통계의 경제활동인구조사 결과를 분석해보니 청년층(15~29세) 임금근로자 가운데 비정규직의 비율은 2003년 8월 기준 31.8%였으나 2017년 8월에는 35.7%를 기록해 14년 사이에 3.9% 포인트 높아졌다. 이에 따라 청

> 년층 임금근로자 가운데 정규직으로 일하는 이들의 비율은 68.2%에서 64.3%로 역시 3.9% 포인트 하락했다. … 연령대별로 나눠보면 59세 이하 근로자 가운데 비정규직의 비율이 증가한 것은 청년층이 유일하다.
>
> — 60세 미만 근로자 중 청년층만 비정규직 비율↑…31.8 → 35.7%, 《연합뉴스》, 2018. 3. 10.

비정규직 사원은 정규직 사원과 똑같은 일을 해도 단지 '비정규직'이라는 이유로 낮은 임금을 받습니다. 2018년 6월 기준으로 정규직은 시간당 2만 1203원을, 비정규직은 1만 4492원을 받습니다. 동일한 노동을 해도 비정규직이라는 이유로 정규직의 약 68%의 임금만 받고 있는 셈입니다. 또한 비정규직은 몇 년 안에 '잘려야' 하는 위험에 노출되어 불안하게 일해야 합니다. '비정규직보호법'으로 불리는 '기간제 및 단시간근로자 보호 등에 관한 법률'이 있으나 정규직으로 전환되지 못하고 해고되는 경우도 부지기수입니다. 위의 기사처럼 청년층이 비정규직으로 취업한 비율이 늘어나고 있는 이유는 무엇일까요? 양질의 일자리를 만들도록 장려하는 정부의 정책은 무엇이 되어야 할까요?

쳇바퀴 속 스펙 쌓기

막막한 사회 속에서 돈을 벌어 '밥벌이'를 해야 하므로 어떻게든 일자리를 구해야 합니다. 대학생은 휴학과 복학을 반복하며 등록금을 벌어야 할 뿐만 아니라 취업을 위한 '스펙'도 갖추어야 합니다. 자격

100
INTERNSHIP
입상
자격증
ENGLISH
ToEIC

증, 어학연수, 인턴, 유학, 심지어 해외 봉사 활동도 스펙이 된다고 합니다. 그런데 아무리 열심히 해도 끝은 보이지 않습니다. 이 쳇바퀴 속에 너도나도 뛰어들어야 하는 이유는 무엇일까요? 왜 버젓이 알고 있으면서도 굴레를 벗어나지 못하는 것일까요? 2010년 당시 고려대학교 학생이었던 김예슬 양이 자퇴하면서 "오늘 나는 대학을 그만둔다, 아니 거부한다"라고 써 붙인 글이 지금도 호소력을 갖는 이유는 무엇일까요?

> 나는 25년 동안 경주마처럼 길고 긴 트랙을 질주해 왔다. 우수한 경주마로, 함께 트랙을 질주하는 무수한 친구들을 제치고 넘어뜨린 것을 기뻐하면서. 나를 앞질러 달려가는 친구들 때문에 불안해하면서. 그렇게 소위 '명문대 입학'이라는 첫 관문을 통과했다. 그런데 이상하다. 더 거세게 나를 채찍질해 봐도 다리 힘이 빠지고 심장이 뛰지 않는다.
>
> 지금 나는 멈춰 서서 이 경주 트랙을 바라보고 있다. 저 끝에는 무엇이 있을까? '취업'이라는 두 번째 관문을 통과시켜 줄 자격증 꾸러미가 보인다. 너의 자격증 앞에 나의 자격증이 우월하고 또 다른 너의 자격증 앞에 나의 자격증이 무력하고, 그리하여 새로운 자격증을 향한 경쟁 질주가 다시 시작될 것이다. 이제서야 나는 알아차렸다. 내가 달리고 있는 곳이 끝이 없는 트랙임을. 앞서 간다 해도 영원히 초원으로는 도달할 수 없는 트랙임을.

내 노동에서 소외되다

한편, 마르크스가 200여 년 전 말했던 '노동으로부터 소외'의 문제가 아직도 여전하다는 것을 생각해 봅시다. 자본주의는 최대한의 이윤을 뽑아내기 위해 분업을 촉진했습니다. 그 결과 나의 신체로 노동을 하여 무언가를 만들어 냈지만 그것은 내 것이 아니게 되었습니다. 제품의 일부만을 열심히 찍어 내지만 전체를 볼 수는 없었습니다.

알랭 드 보통은 『일의 기쁨과 슬픔』에서 비스킷 공장을 방문하여 관찰한 노동 소외를 기록하고 있습니다. 비스킷 상품의 디자인 책임자는 비스킷을 잘 팔기 위해 그것의 모양, 크기, 두께, 맛에 관심을 기울이지만 정작 비스킷을 구울 줄 모릅니다. 반면 비스킷 공장을 직장으로 두고 다니는 사람들은 분명 비스킷을 '만들지만' 비스킷을 '맛보지는' 못합니다. 또 다른 사람들은 생산품을 포장하고, 분류하고, 분석하며, 운송하고, 판매하는 일에 전문적으로 투입됩니다. 보통은 이렇게 말합니다. "진짜 문제는 비스킷을 굽는 것이 의미 있느냐가 아니라, 그 일이 5천 명의 삶과 6개 제조 현장으로 계속 확장되고 분화된 뒤에도 여전히 의미 있게 여겨지느냐 하는 것이다."[11]

이 외에도 어떤 직업을 갖기 위해 개인의 노력으로 뛰어넘을 수 없는 벽이 존재하는 경우가 있습니다. 성별, 외모, 나이, 학력, 신체적 조건으로 직업을 얻는 데 차별을 받고 있다는 점은 슬프지만 엄연한

11 알랭 드 보통, 정영목 역, 『일의 기쁨과 슬픔』, 은행나무, 2012, 88쪽.

현실입니다.

지금까지 직업과 관련한 윤리적 문제에 대해 살펴보았습니다. 직업의 명칭에 걸맞은 사람이 되어 달라고 부탁했습니다. 이와 관련하여 장인정신과 정명에 대해 공부했습니다. 하고 싶은 일을 하며 살아야 한다고 강조했습니다. 개인이 하고 싶은 일을 하며 살 수 없는 사회 구조의 현실에 대해서 비판해 보았습니다. 일할 맛이 나는 제도와 여건이 만들어질 수 있는 방안에 대해 지속적으로 고민해 보도록 합시다.

간디학교[12]의 교가에 등장하는 가사의 일부로 마무리할까 합니다. 멜로디도 좋지만 가사가 전달하고자 하는 메시지의 울림이 큽니다.

꿈꾸지 않으면 사는 게 아니라고 별 헤는 맘으로 없는 길 가려네
사랑하지 않으면 사는 게 아니라고 설레는 맘으로 낯선 길 가려 하네
아름다운 꿈꾸며 사랑하는 우리 아무도 가지 않는 길 가는 우리들
누구도 꿈꾸지 못한 우리들의 세상 만들어 가네

'없는 길, 낯선 길, 아무도 가지 않는 길, 누구도 꿈꾸지 못한 길'을

12 간디학교는 1997년 경남 산청에서 전인교육을 지향하는 대안학교로 출발했으며, 지금은 확장 발전하여 제천, 금산 등에도 있습니다. 최초로 시작한 산청 간디학교는 현재 간디고등학교로 명칭을 변경했고, 사립학교에 해당한다고 하네요.

가고 싶다면, 가야 합니다. 사회 구조와 제도가 그것을 방해한다면 힘을 모아 바꾸어 나가면 됩니다. 단 한 번밖에 주어지지 않은 여러분의 소중한 인생입니다. 누구의 삶인데 감히 한계를 짓습니까. 그리고 말리려 합니까. 이 삶의 과정에서 여러분이 하고 싶은 직업을 찾고 지속해 나갈 수 있도록 응원하고 싶습니다.

생각해 볼 문제

1. 다음 기사는 현장에서 일을 하던 소방관이 안타깝게 목숨을 잃은 사례를 보여 줍니다. 이를 통해 알 수 있는 직업정신에 대해 생각해 봅시다.

> 두 손을 꼭 모은 채 시상식을 지켜보던 강상주 씨(63)는 끝까지 침착함을 지키려 애썼다. 강 씨는 자신을 따라 소방관이 된 아들 대신 상을 받으러 왔다. 강 씨의 아들인 강기봉 소방교(당시 29세)는 지난해 10월 태풍으로 불어난 강물 때문에 차에 갇힌 신고자를 구하다 물살에 휩쓸려 순직했다. 강 씨는 "평생 한 번도 부모 속을 썩이지 않았고, 자기 맡은 일에 충실한 아이"였다고 기억했다. 강 씨는 아들의 마지막 선물인 상패를 가슴에 꼭 끌어안았다.
>
> 2015년 12월 낙뢰로 불이 붙은 서해대교에서 숨진 이병곤 소방령(당시 54세)의 유족도 시상식에 참석했다. 상패를 대신 받은 아내 김순녀 씨(50)의 얼굴에선 슬픔보단 남편에 대한 자랑스러움이 묻어났다. 김 씨는 "남편은 구조작업을 더 잘하고 싶어 엘리베이터 회사에서 작동 원리까지 배울 정도로 직업정신이 투철한 사람이었다"고 회상했다.
>
> —"큰 희생 영원히 기억" 아들의 상패를 꼭 끌어안았다, 《동아일보》, 2017. 1. 13.

2. 다음 기사는 한국에서 여성이 경제 활동을 할 때 겪는 차별을 서술하고 있습니다. ㉠에 대한 여러분의 입장과 그 근거를 밝혀 봅시다.

"능력으로 인정받는 것이라면 성별과 상관없이 경쟁하고 평가받아야 하는 것 아닌가. 그러나 우리사회는 여전히 유리천장과 임금차별 등 여성이 차별을 느낄 만한 요소들이 너무 많다. 공무원이 된다면 사기업에 비해 그런 부분을 적게 느낄 것이라 여겨 시험을 준비한다."

'공시생'들 중 대다수 여성들은 자신의 성별이 취업과 승진에서 약점이 된다고 말한다. ㉠ 취업난이 가중될수록 '여성'이 가지는 불리함은 더욱 커지며, 어렵게 취업하더라도 유리천장·경력단절 등 넘어야 할 산이 많다고 주장한다. 적잖은 여성 공시생들이 '공무원 시험을 준비하는 이유'에 대해 이렇게 밝혔다.

실제로 공무원 시험을 준비하는 여성 수는 늘어나는 추세다. 지난해 5월 통계청 조사에 따르면, 전체 취업준비생 중 일반직공무원 여성 준비생은 1년 전보다 5.5% 상승한 36.1%로 집계됐다. 또한 여성 공시생들이 주장하는 한국사회 속 유리천장도 여전히 두껍게 존재하는 것으로 나타났다. 지난해 세계 여성의 날을 맞아 영국 경제주간지 '이코노미스트'가 발표한 유리천장지수에서 한국은 최하위를 기록했다. 특히 남녀 경제활동 참여비율에선 아이슬란드가 82.6점인 것에 비해 우리나라는 25점에 불과했다. 여전히 우리나라에서는 여성 경제활동참여가 제대로 이뤄지지 않고 있는 것이다.

— 똑소리 나는 여성들 어디로 갔을까, 《시사온》, 2017. 2. 2.

8장 분배 정의

십, 구, 팔, … 삼, 이, 일, 땡! 오늘도 전력 질주하여 재빠르게 식판과 수저를 챙겼습니다. 3교시부터 온 학교를 휘감는 그 향기는 참을 수 없을 정도였는데요. 졸릴 때마다 책상 위에 붙여 둔 오늘의 식단을 외워 두기까지 했습니다. 그런데, 어찌 된 일인지 내가 받은 치킨 두 조각은 앞 친구 것보다 터무니없이 작습니다! 재빨리 뒤를 돌아봅니다. 아니, 이 친구 것엔 살이 오동통 오른 닭다리까지 있네요. 점심을 잘 먹는 것은 학교에 오는 중요한 이유인데 말이죠! 원망이 담긴 간절한 눈빛을 배식 봉사 도우미에게 열심히 쏘았으나, 끝없는 줄에 밀려 획득할 수 있는 기회는 무심하게 건너갔습니다. 이건, 도무지, 너무, 불공평합니다!

만일 치킨 조각이 배부르게 먹고도 남을 정도라면 이런 불평은 나오지 않을 것입니다. 모자라면 나중에 더 갖다 먹으면 그만이니까요. 그렇지만 현실은 다릅니다. 식자재를 구매할 학교 예산은 정해져 있고, 그것으로 만든 음식 또한 한정되어 있습니다. "각자의 몫을 얼마나 어떻게 분배할 것인가?" 여기에서 분배 정의의 문제는 발생합니다.

사람들은 더 많이 분배받고자 하지만 그 대상은 제한되어 있습니다. 열심히 일하고 받는 보수를 얼마나 많이 가질 것인가. 누가 학급 회장, 부회장이 되어야 하는가. 누가 좁은 대학 입시와 취업의 관문에서 선발되어야 하는가. 누가 운동 경기에서 금메달이라는 타이틀을 가져가야 하는가. 재화, 권력, 지위와 같은 분배 대상을 최대한 공정하게 나눌 수 있는 기준은 도대체 무엇일까요?

어떻게 분배하는 것이 가장 공정할까

절대적으로 평등하게 분배?

똑같이 나누면 됩니다. 누군가가 이렇게 대답합니다. 그런데 N분의 1은 말이 쉽지 막상 실천하려면 꽤 까다롭습니다. 급식 이야기로 다시 돌아가 봅시다. 매번 저울을 들고 와서 돈가스 126g, 김치 32g을 잴 수는 없는 노릇입니다. 한편 닭요리는 부위별로 모양과 맛이 다른데 어떻게 절대적으로 같은 양을 나눠 가질 수가 있을까요. 이러다가 모든 반찬을 가루로 갈아 나누자는 급진적인 주장까지 나오면 어떡하죠. 정의를 고민하다가 맛이 떨어지는 불상사가 생기지는 않을까 우려됩니다.

만일 N분의 1이 현실적으로 불가능하다면, 적어도 비슷하게나마

나누려는 시도를 해 보자는 말이 들립니다. 하지만 사람들은 나이, 체격, 식성과 같이 각기 그 특성이 다릅니다. 초등학교 1학년과 고등학교 3학년에게 비슷한 양의 음식을 주면 정당할까요? 나이는 같더라도 몸무게가 100kg인 학생과 50kg인 학생에게 똑같이 분배하는 것은 공정할까요? 골뱅이무침을 좋아하는 사람과 좋아하지 않는 사람이 있는데 그것을 똑같이 주면 둘 다 공평하다고 생각할까요?

능력에 따라 분배?

그런데 말입니다. 만일 가장 빨리 배식 줄에 섰기 때문에, 지난 중간고사에서 전교 1등을 했기 때문에, 교내 랩 경연대회에서 우승했기 때문에 더 많은 반찬을 받는다면? 모두들 한입 모아 불공정하다고 소리치겠죠. 그렇지만 잘 생각해 보면 자본주의 시대를 살아가고 있는 우리에게 가장 익숙한 기준은 그 사람의 능력이 얼마나 뛰어나고 그가 어떤 성과를 내느냐에 따라 분배하는 것입니다.

능력에 따른 분배를 주장하는 쪽에서는 능력을 많이 발휘한 사람이 더 많은 부를 획득하고 더 높은 지위를 가지는 게 타당하다고 여깁니다. 대학 입시를 생각해 봅시다. 흔히 수험생들에게 능력은 곧 시험 성적과 동일시됩니다. 그렇다면 대학수학능력시험으로 전국의 몇십만 수험생을 일렬로 줄 세워 대학에서 할당된 인원을 선발하면 정의로울까요? 만일 성적에 개인의 능력이 아닌 다른 요인이 개입될 여지가 있다면요?

> 서울대 경제학부 김세직·류근관 교수가 서울대 경제연구소의 경제논집 최근호에 발표한 「학생 잠재력인가? 부모 경제력인가?」라는 제목의 논문에 따르면 같은 능력을 가진 학생이라도 부모의 경제력에 따라 서울대 입학 가능성에서 80~90% 차이가 나는 것으로 나타났다. … 연구진에 따르면 학생의 '진짜 인적자본'은 본인이 배움에 들인 노력과 잠재력에 의해 결정된다. 그러나 대입의 평가지표로 여겨지는 수능성적이나 생활기록부, 스펙 등은 부모의 경제력에서 비롯된 '치장(사교육, 선행학습, 특수고 진학)'에 의해 증가할 수 있는 '겉보기 인적자본'에 해당된다. 이에 따라 현 입시제도에서는 학생이 이 같은 부모의 경제력을 자신의 능력으로 '치장'하더라도 가려내기 어렵다는 것이 연구진의 결론이다.
>
> — 서울대 입학, 학생 잠재력보다 부모 소득이 좌우, 《한국일보》, 2016. 1. 5.

수업 시간에 몇몇 학생은 경제력이 높은 부모를 둔 것도 그 학생의 능력 안에 포함시켜야 한다고 주장합니다. 그런데 엄밀히 생각해 보세요. 우리는 흔히 능력이란 본인이 열심히 노력하면 발휘할 수 있는 어떤 잠재력으로 여기잖아요. 그렇지만 부모의 사회 경제적 지위는 내가 바꿀 수 있는 영역이 아닙니다. 잠깐, 그렇다면 능력은 곧 노력과 같은 말인가요? 노력을 많이 했다고 해서 반드시 좋은 결과를 보장할 수는 없는 사례도 많습니다. 나는 밤을 새워 열심히 공부했는데 내 짝은 암기력이 뛰어나 한 시간만 책을 보고도 나보다 시험을 훨씬 더 잘 볼 수 있잖아요.

한편 출신 대학, 학점, 영어 점수 등이 곧 그 사람의 직무 능력으로 직결될 수 있는지 생각해 볼 필요가 있습니다. 소위 '스펙'으로 불리는 것들이 공정한 채용 및 선발에 있어 방해가 된다는 사회적 인식이 확산됨에 따라 공공기관 및 사기업 공개 채용에서 '블라인드 채용'이 실시되고 있습니다. 한국산업인력공단은 '국가직무능력표준NCS'을 도입하여 블라인드 채용의 자기소개서 예시 문항을 공개했는데요. 문항을 살펴보면 '스펙'이 아니라 직무 수행에 필요한 구체적 능력과

블라인드 채용 자기소개서 예시 문항

영역	의미	예시 문항
문제해결능력	업무를 수행함에 있어 문제 상황이 발생하였을 경우 창조적이고 논리적인 사고를 통하여 이를 올바르게 인식하고 적절히 해결하는 능력	예상치 못한 어려움에 직면했지만, 이를 해결하신 경험에 대해 기술해 주십시오.
자원관리능력	업무를 수행하는 데 시간, 자본, 재료 및 시설, 인적자원 등의 자원 가운데 무엇이 얼마나 필요한지를 확인하고, 이용 가능한 자원을 최대한 수집하여 실제 업무에 어떻게 활용할 것인지를 계획하고 할당하는 능력	학교나 조직 등에서 한정된 자원(인적, 물적, 시간)으로 어려웠던 과제를 처리했던 경험을 기술해 주십시오.
기술능력	업무를 수행함에 있어 도구, 장치 등을 포함하여 필요한 기술에는 어떠한 것들이 있는지 이해하고, 실제로 업무를 수행함에 있어 적절한 기술을 선택하여 적용하는 능력	본인이 지원한 직무 분야에서 가장 필요하다고 생각하는 기술과 향후 해당 기술을 업무에 적용하기 위한 구체적인 계획을 작성해 주십시오.
조직이해능력	업무를 원활하게 수행하기 위해 국제적인 추세를 포함하여 조직의 체제와 경영에 대해 이해하는 능력	우리 기관의 존재 이유 및 핵심 역할이 무엇인지 설명해 주십시오.

자질을 요구한다는 것을 알 수 있습니다. 여러분은 이와 같은 채용 형식이 능력 위주의 선발에 가까이 다가갔다고 보시나요?

만일 능력을 세밀하게 측정할 수 있는 방법이 있고, 능력이 많은 사람에게 분배가 더 많이 된다고 생각해 봅시다. 그렇게 된다면 능력 있는 자는 더 부유해지고 사회적 지위도 높아지게 될 것이고, 능력 없는 자는 사회의 최하층으로 전락할 수 있겠죠. 과연 이러한 사회를 정의롭다고 확신할 수 있나요? 어떻게 보면 개인의 능력을 발휘할 수 있는 시대와 장소에 태어난 것, 혹은 부모님께 받은 유전자로 능력을 발휘할 수 있는 것에도 운의 요소가 개입되어 있는 건 아닐까요?『정의론』의 저자 존 롤스 또한 우연적인 운이 분배 기준에 영향을 미친다면 과연 정의로운가에 대해 의문을 품었습니다.

롤스의 공정으로서의 정의론

정의란 무엇인지를 고민한다는 것 자체가 현실은 정의롭지 않다는 점을 보여 주는 반증일 것입니다. 롤스는 누군가가 합당한 대우를 받지 못하는 상황을 목격하고 깊은 고민에 빠졌습니다. 모든 사람들에게 공평하게 적용될 수 있는 정의의 원칙이란 도대체 어떤 것일까요? 롤스는 "사회 체계의 제1덕목은 정의"이기 때문에 법과 제도를 만들기 이전 단계에서 정의의 원칙이 무엇인지 알아내고 싶었습니다.

절차가 공정해야 정의다!

사람마다 생각하는 정의의 기준이 다르므로 롤스는 정의의 원칙을 도출하는 절차를 최대한 공정하게 만들어 보자고 제안했습니다. 이 절차에 따라 도출된 결과를 공정한 것으로 받아들이자는 것입니다. 예를 들어 한 교내 대회를 열어 시상을 하려고 할 때 선생님들은 어떤 작품에 상을 주어야 하는지 의견이 분분합니다. 롤스는 아마 이렇게 제안할 것입니다. "우선 심사위원은 몇 명으로 할지, 어떤 영역에 따라 점수를 부과할지 사전에 엄밀하게 절차를 마련해야 한다. 이후에 점수를 합산하여 최우수상, 우수상, 장려상을 선정한다면 그 결과를 공정한 것으로 받아들일 수 있을 것이다."

정의의 원칙을 세울 때에도 마찬가지입니다. 먼저 공정한 절차를 마련해 보도록 합시다. 롤스는 내가 누구인지, 다른 사람이 누구인지를 모른다는 가정하에 원칙을 정해 보자고 제안합니다. 일반적으로 사람들은 자기에게 유리하면 공정하다고 판단하고, 불리하면 불공정하다고 하소연합니다. 또한 다른 사람이 나보다 얼마를 더 많이 가지냐에 대해서도 민감할 수 있습니다. 따라서 나와 타인에 대한 정보가 차단된다면 사심이 개입되지 않으니 공정한 원칙을 세울 수 있지 않을까요. 즉 롤스는 공정성의 확보를 위해 '원초적 입장'에서 '무지의 베일'을 쓰고, 신체, 성별, 인종, 재능, 부모, 사회적 지위와 같은 개인의 정보를 공개하지 않은 채 정의의 원칙을 도출해 보자는 겁니다.

이러한 상황에서 사람들은 어떤 원칙을 가장 공정한 것으로 결정할까요? 나는 무지의 베일을 썼으니 내가 어떤 사회 어떤 부모 밑에서 태어날지, 나의 아이큐는 얼마나 될지, 나의 신체적 조건은 어떠할지를 알지 못합니다. 무지의 베일 속에서 정의의 원칙을 협상하는 사람들은 특정 소수만 모든 것을 다 누리는 분배 기준이나 다수의 행복을 위해 소수가 희생하는 분배 기준을 채택하지 않을 것으로 롤스는 예상했습니다. 혹 베일을 벗었을 때 자기가 가장 불리한 위치에 처해 있다고 할지라도, 살아갈 수 있는 최소한의 여건을 마련해 주는 사회를 선택하리라는 것입니다.

롤스의 정의의 원칙

제1원칙: 평등한 자유의 원칙

제2원칙: 기회균등의 원칙과 차등의 원칙

정의의 두 원칙

롤스에 따르면 이에 따라 도출되는 정의의 원칙은 두 가지입니다. 제1원칙은 누구에게도 빼앗겨서는 안 되는, 인간이라면 누구나 누려야 할 기본적인 권리에 해당합니다. 인간답게 살 수 있는 권리는 신분, 지위, 성별, 나이, 인종 등에 상관없이 평등하게 누려야 합니다. 롤스는 기본적 자유란 누구에게나 평등하게 분배되어야 한다고 주장했습니다. 하지만 그렇다고 해서 사회 경제적 지위와 재화까지도 평등하게 분배해야 한다는 원칙을 도출할 것으로 기대하지는 않았습니다. 사회 경제적 요소까지 N분의 1로 나눈다면 매우 수고로울 것이며 개인의 능률도 저하될 수 있기 때문입니다. 따라서 제2원칙은 사회 경제적 불평등을 허용합니다. 단, 비록 사회적 지위나 경제적 부가 불평등하게 분배된다고 할지라도 두 가지 조건은 충족되어야 합니다. 첫 번째 조건은 비슷한 재능을 가졌거나 비슷한 노력을 할 경우 그 지위를 획득할 수 있는 기회가 모든 사람에게 균등하게 열려 있어야 한다는 것입니다. 두 번째 조건은 최소 수혜자에게 최대 이득이 돌아갈 수 있도록 보장해야 한다는 것입니다.

롤스는 기본적 자유의 예로서 투표하고 공직을 맡을 수 있는 정치적 자유, 언론과 결사의 자유, 양심과 사상의 자유, 심신의 억압 및 폭행에서 벗어나는 인신의 자유, 사유 재산을 소유할 수 있는 자유, 이유 없는 체포와 구금으로부터의 자유를 듭니다.

롤스가 차등의 원칙에서 말하는 '최대 이득'의 의미가 혼동될 수 있기 때문에 주의해야 합니다. 표를 함께 봅시다. 사회 구성원은 갑, 을, 병 세 사람만 있고 선택할 수 있는 정책도 A, B, C 세 가지 경우만 있다고 가정해 봅시다. 표에 표시된 숫자는 각 정책을 통해 각 구성원이 얻을 수 있는 이익입니다. 정책 A를 선택하면 갑은 15, 을은 15, 병은 15의 이익을, 정책 B를 선택하면 갑은 5, 을은 50, 병은 60의 이익을, 정책 C를 선택하면 갑은 20, 을은 30, 병은 35의 이익을 얻겠지요. 롤스는 어떤 정책이 차등의 원칙과 부합한다고 보았을까요?

롤스는 정책 C를 지지할 것입니다. 갑은 모든 정책에 있어서 최소

수혜자입니다. 이러한 갑에게 최대 이득이 돌아가게 되는 정책은 무엇이죠? 정책 C입니다. 정책 C에서 갑은 5, 15가 아닌 20을 분배받게 될 것이니까요. 참고로 절대적 평등주의자는 똑같이 15씩 분배받는 정책 A를 옹호할 것이며 공리주의자는 갑, 을, 병 전체의 최대 이익을 가져오는 정책 B를 선택하겠지요.

	갑	을	병
정책 A	15	15	15
정책 B	5	50	60
정책 C	20	30	35

롤스의 이론에 따르면 최소 수혜자에게 가는 재분배는 가진 자가 동정심으로 베푸는 시혜적 차원의 것이 아닙니다. 나 또한 무지의 베일 속에서 최소 수혜자가 될 수도 있다는 가능성으로 인해 마련된 원칙에 따른 것입니다. 그러므로 나의 국적도, 나의 신체적 능력도, 나의 재능도, 나의 재능이 쓸모 있는 시대에 태어난 것도 우연일 뿐입니다. 단지 운이 좋아서 많이 가지게 되는 최대 수혜자가 운 없는 최소 수혜자에게 가능한 한 많은 이익이 돌아가도록 힘써야 정의로울 수 있습니다.

노직의 소유권으로서의 정의

내 소유를 잘 지켜 주는 것이 정의다!

그런데 뭔가 찜찜합니다. 우리는 흔히 나의 재능은 나의 것일 뿐 공공의 것이라고 생각하지는 않지요. 나의 신체를 사용하여 노동을 하고 그에 대한 대가로 벌어들인 돈은 내 것이 아닌가요? 나의 소유물을 부당하게 빼앗기게 되면 분노가 치밀고 정의롭지 않다고 여깁니다. 로버트 노직은 롤스에 대항하여 정의란 개인의 절대적인 권리인 소유권을 잘 지켜 주는 것이라고 주장합니다.

만일 개인의 재능과 노동에 의해 가지게 된 부를 국가가 세금이라는 명목으로 빼앗아 간다면 국가는 개인에게 강제노동을 시키는 거나 다름없다는 것입니다. 그렇다고 국가가 해야 할 일이 전혀 없지는 않습니다. 신변이 안전할 수 있고 사유 재산을 보호할 수 있도록 치안을 잘 살피는 역할은 필요합니다. 그러나 국가의 역할은 여기에서 멈추어야 합니다. 최소 수혜자를 돕는다는 명목으로 국가는 개인에게 억지로 세금이라는 부담을 지울 수 없습니다. 만일 그들을 돕고 싶다면 기부나 자선이라는 개인의 선택에 맡겨야 합니다. 이와 같이 노직이 옹호한 국가를 '최소 국가'라고 합니다.

나의 소유를 잘 지켜 주는 것이 정의라면, 무엇이 진정 개인의 소유가 될 수 있는지에 대해 엄밀하게 따져 봅시다. 여러분이 오롯이 '내 것'이라고 주장할 수 있는 것에는 무엇이 있습니까? 내 신발, 내 휴대폰, 내 책, 내 용돈? 그런데 잘 생각해 보면 부모님이 그 비용을 부담하신 것 아닌가요? 처음에는 부모님의 것이었을 텐데요. 부모님의 돈은 일터에서 왔을 것입니다. 그런데 만약 그 돈이 부정한 방법으로 벌어들인 악덕 사장의 돈에서 온 것이라면?

노직의 소유권으로서의 정의의 원칙

정당한 최초 취득의 원칙

정당한 이전(양도)의 원칙

교정(시정)의 원칙

소유권리론

노직은 개인의 소유라고 주장하기 위해서는 세 가지 조건을 모두 만족시켜야 한다고 주장합니다. 첫째는 '정당한 최초 취득의 원칙'입니다. 어떤 재화가 나한테 오기 이전의 역사를 끝까지 거슬러 올라가 봅시다. 어느 것도 특정인의 것이 아닌 시대까지 올라갈 수 있겠죠. 그 시점에서 다른 사람의 상황을 전반적으로 악화시키지 않으면서 나의 노동으로 무언가를 취득했을 때 비로소 그것은 내 것으로 인정될 수 있다고 노직은 보았습니다.

그런데 때로는 내가 필요한 것을 다른 사람이 가지고 있을 때 그것을 나의 물건과 바꾸는 경우가 생길 수 있습니다. 또는 나의 것을 다른 사람에게 아무런 대가 없이 기꺼이 줄 수도 있습니다. 이 물건이

다른 사람에게 이전(양도)될 때 강제, 폭력, 기만 없이 옮겨진다면 두 번째 정의로운 소유의 조건이 성립됩니다. 이것이 바로 '정당한 이전(양도)의 원칙'입니다.

만약 정당한 방법으로 최초 취득이 이루어지지 않았거나 소유물의 이전이 정당하게 이루어지지 않았다면 이를 바로잡아야 합니다. 기존 상태로 복귀시키거나 손해배상이 이루어질 수도 있겠지요. 이것이 바로 세 번째 원칙인 '교정(시정)의 원칙'입니다. 노직은 이 세 가지 원칙에 위배되지 않는 상태를 정의로운 것으로 보았습니다. 아래의 기사처럼 친일파 후손의 재산 문제에 소유권리론을 적용해 본다면 어떨까요?

> 친일 후손의 거주지는 43%가 강남 3구이다. 한남동, 성북동, 평창동 등 단독주택에 사는 부자들이나 신도시인 경기도 분당에 사는 사람도 많았다. 친일파가 축적한 부동산은 4억3000만㎡로 추정된다. 그 중 국가에 귀속된 땅은 0.3%인 2181만㎡밖에 되지 않는다. 70년의 시간은 친일 재산 환수조차 어렵도록 만들었다. … 친일 재산 환수는 개인이 정당한 노동의 대가로 벌어들인 돈을 부모가 친일파라는 이유 하나만으로 빼앗는 것이 아니다. 이미 막대한 재산을 통해 충분한 권세를 누려온 친일후손들이 다 빼돌리지 못한 재산을 뒤늦게라도 정당한 위치에 돌려놓자는 것이다. 부당하게 이득을 누려온 것을 멈추자는 것이지 누군가의 정당한 재산을 강탈하자는 것이 아니다.
>
> — 친일파 4억 3000만㎡ 중 환수된 건 0.3% 뿐, 《미디어오늘》, 2015. 8. 14.

이번 시간에는 제한된 가치를 누구에게 얼마나 어떻게 분배하는 것이 가장 정의로운가에 대해 논의해 보았습니다. 절대적으로 평등하게 나누는 방법, 능력에 따라 분배하는 방법과 각각의 문제에 대해서도 생각해 보았습니다. 또한 분배 정의를 논할 때마다 빠지지 않는 롤스의 공정으로서의 정의론과 노직의 소유권리론에 대해 공부했습니다.

정의롭다는 것이 어떤 것인지에 대한 논의는 사실 굉장히 오래되었습니다. 고대 서양 철학자인 아리스토텔레스는 "당사자들이 동등함에도 동등하지 않은 몫을, 혹은 동등하지 않은 사람들이 동등한 몫을 분배받아 갖게 되면, 바로 거기서 싸움과 불평이 생겨난다"[13]라고 이미 언급했습니다. 동양에서 유가의 공자와 맹자 또한 정의로운 분배의 중요성에 대해 말했습니다.

어떻게 분배하는 것이 정의로운가의 문제는 아직도 뜨겁게 논쟁 중입니다. 능력에 따른 분배인지, 절대적 평등에 따른 분배인지, 아니면 롤스와 노직이 주장한 정의론에 따른 분배인지, 아니면 또 다른 학자가 제시한 정의인지. 무엇이 정의로운 분배인가에 대해 많은 사람들이 치열하게 고민했다는 점을 잊지 말아야 하겠습니다.

13 아리스토텔레스, 강상진 외 역, 『니코마코스 윤리학』, 길, 2011, 169쪽.

생각해 볼 문제

1. 핀란드의 기본소득제에 대해 어떻게 생각하나요? 이를 한국 사회에 적용할 수 있다고 보나요?

'기본소득basic income'에 대한 관심이 전 세계적으로 뜨겁다. 기본소득은 일을 하든 하지 않든, 재산이 많든 적든 상관없이 모든 국민에게 일정 소득을 지급하는 제도다.

핀란드 정부는 지난 1월 1일부터 '기본소득제' 실험에 들어갔다. 핀란드 사회보장국KELA은 실업자 2000명을 임의로 선정해 향후 2년간 매월 560유로(약 70만 원)를 지급한다. 기본소득보장 대상자로 선정된 핀란드 국민 2000명은 매월 받는 560유로를 마음대로 쓸 수 있다. 돈을 어떤 용도로 썼는지 당국에 보고할 필요가 없다. 2년 안에 일자리를 찾아도 기본소득 전액을 받는다.

핀란드 사회보장국은 기본소득을 받는 대상자들이 어떻게 변할지를 관찰할 계획이다. 기본소득 보장제를 통해 실업자들이 대담하게 다른 일자리를 찾는 등 긍정적 효과가 나타난다면 핀란드 정부는 더 많은 국민을 대상으로 확대할 예정이다.

— 핀란드의 '기본소득' 실험… 한국에서도 가능할까?, 《위키트리》, 2017. 1. 17.

2. 다음 글을 읽고 가지는 것, 즉 소유의 의미에 대해 생각해 봅시다.

"나는 가난한 탁발승이오. 내가 가진 거라고는 물레와 교도소에서 쓰던 밥그릇과 염소젖 한 깡통, 허름한 담요 여섯 장, 수건 그리고 대단치도 않은 평판, 이것뿐이오."

마하트마 간디가 1931년 9월 런던에서 열린 제2차 원탁회의에 참석하기 위해 가던 도중 마르세유 세관원에게 소지품을 펼쳐 보이면서 한 말이다. K. 크리팔라니가 엮은 〈간디 어록〉을 읽다가 이 구절을 보고 나는 몹시 부끄러웠다. 내가 가진 것이 너무 많다고 생각되었기 때문이다. 적어도 지금의 내 분수로는 그렇다.

사실, 이 세상에 처음 태어날 때 나는 아무것도 갖고 오지 않았었다. 살 만큼 살다가 이 지상의 적에서 사라져 갈 때에도 빈손으로 갈 것이다. 그런데 살다 보니 이것저것 내 몫이 생기게 되었다. 물론 일상에 소용되는 물건이라고 할 수도 있다. 그러나 없어서는 안 될 정도로 꼭 요긴한 것들만일까? 살펴볼수록 없어도 좋을 만한 것들이 적지 않다.

우리들이 필요에 의해서 물건을 갖게 되지만, 때로는 그 물건 때문에 적잖이 마음이 쓰이게 된다. 그러니까 무엇인가를 갖는다는 것은 다른 한편 무엇인가에 얽매인다는 뜻이다. 필요에 따라 가졌던 것이 도리어 우리를 부자유하게 얽어맨다고 할 때 주객이 전도되어 우리는 가짐을 당하게 된다. 그러므로 많이 갖고 있다는 것은 흔히 자랑거리로 되어 있지만, 그만큼 많이 얽혀 있다는 측면도 동시에 지니고 있다.

— 법정, 『무소유』, 범우사, 1999, 23~24쪽.

9장 형벌과 사형제도

고등학교에서 내릴 수 있는 가장 강력한 처벌은 퇴학입니다. 그렇다면 국가가 개인에게 내릴 수 있는 극단의 형벌은 무엇입니까? 바로 사형입니다. 우리나라에서는 1997년 12월 30일을 마지막으로 약 20년간 단 한 차례도 사형이 집행되지 않았습니다. 그렇지만 사형 선고는 내려져서 현재 약 60명의 사형수가 수감되어 있습니다. 국제앰네스티는 사형제가 존재하면서도 일정 기간 이상 실시하지 않으면 '사실상 사형폐지국'으로 분류합니다. 대한민국도 여기에 해당합니다. 사형이 실제 집행되고 있는 국가로는 미국, 중국, 북한, 파키스탄, 사우디아라비아 등 50여 개국이 있습니다. 사형을 완전히 폐지시킨 나라는 약 100여 개국이고, 사실상 사형폐지국은 30여 개국에 이릅니다. 왜 각국은 사형에 대한 입장을 이렇게 달리할까요? 또한 왜 우리나라에서는 사형이라는 제도가 있는데도 집행을 하지 않고 있는 걸까요?

이 장에서는 먼저 처벌의 의미를 생각해 보겠습니다. 그리고 극형인 사형제도에 대해서 검토해 보려 합니다. 사형에 대해 찬성하는 측과 반대하는 측의 의견을 모두 들어 본 후 스스로의 입장을 정리해 보도록 합시다.

형벌에 대한 응보주의와 공리주의의 입장

여러분들은 교내 게시판에서 학교 폭력, 절도 등의 이유로 학생이 징계를 받은 결과를 본 적이 있을 겁니다. 잘못에 따라 학교 안이나 외부 기관에 나가서 봉사 활동을 하기도 하고, 극단적으로는 전학이나 퇴학 조치를 받기도 합니다. 학교에서 자체적으로 해결하기 어려운 문제는 경찰의 협조를 구할 때도 있습니다. 시선을 사회로 넓혀 봅시다. 누군가가 범죄를 저질렀을 때 경찰과 검찰로 대표되는 공권력은 범인을 심문하고 죄에 대한 대가로 구형을 합니다. 법원은 범죄자에게 그 죄질에 따라 벌금형, 징역형을 선고하기도 하고 심지어 사형을 선고할 수도 있습니다.

잘못을 저질렀으면 반드시 벌을 받아야 할까요? 대부분의 학생은 그래야 한다고 말합니다. 왜 벌을 주어야 하냐고 질문하면 이렇게 대답합니다. "잘못을 했으니까 벌을 받는 건 당연합니다." "벌을 줘야 가해자가 다시는 그런 잘못을 하지 않고, 나머지 사람들도 그 잘못을 되풀이하지 않을 것입니다." 두 대답은 각기 형벌에 관한 대표적인 입장인 응보주의와 공리주의로 연결될 수 있습니다.

응보주의

우선 형벌에 대한 응보주의의 입장을 알아보도록 합시다. 응보주의란, 죄를 지으면 그에 상응하는 죗값을 받는 것은 당연하다고 보는 이론입니다. 좋은 일을 하면 상을 받고, 나쁜 일을 하면 벌을 받는다는 인과응보가 떠오르지요? 응보應報라는 말뜻에서 알 수 있듯이 잘못을 했으면 응당한 되갚음, 즉 처벌이 이루어져야 합니다.

응보주의의 고전적인 사례는 함무라비 법전에 등장하는 "눈에는 눈, 이에는 이"입니다. 사실 이 말은 법전 196조 "자유인의 눈을 상하게 한 자는 그의 눈을 상하게 한다"와 200조 "자유인의 이를 상하게 한 자는 그의 이를 상하게 한다"를 줄여 표현한 것입니다. 피해자가 입은 정도의 손해만큼 동일하게 가해자에게 손해를 가하는 것이 정

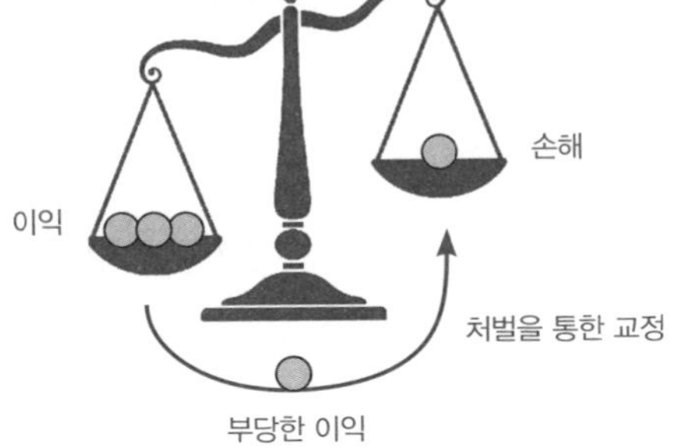

부정의로 인해 평형이 무너진 저울

당하다는 것이죠. 정의의 여신 디케가 들고 있는 저울을 생각해 봅시다. 누군가에게 해를 입혀 가해자가 이득을 보았다면 정의의 저울이 한쪽으로 기울게 됩니다. 과거에 부당한 행위를 통해 얻은 이득은 환수하여 손해를 갚아 주어야 저울은 다시 균형을 이룰 수 있습니다. 불의에 대한 교정은 곧 정의 구현입니다.

그런데 함무라비 법전에 등장하는 동해보복同害報復은 일면 잔인해 보이기도 합니다. 상대방의 눈을 다치게 하면 자신의 눈도 다쳐야 하고, 이를 부러뜨렸으면 똑같이 이를 부러뜨려야 하다니요. 사실 이 함무라비 법전이 등장했던 맥락을 짚어 보면 당시로서는 매우 진보적인 법률이었습니다. 법전이 등장하기 이전에는 피해 정도의 범위를 넘어서는, 순간적으로 감정이 치밀어 올라 행해지는 복수가 비일비재했기 때문입니다. 그런데 어떤 학생이 심각한 얼굴로 묻습니다. "선생님, 응보주의가 동해보복이라면 인면수심의 성폭행 가해자는 어떻게 처벌해야 하나요?" 현대의 응보는 단순히 지은 죄와 똑같은 벌을 주는 것에 머물지 않습니다. 중요한 것은 죗값의 무게를 잘 측정하여 그것에 '비례하는' 처벌을 가해야 한다는 것입니다.

공리주의

한편 공리주의에서 형벌을 보는 관점은 어떠할까요? 공리주의는 기본적으로 쾌락주의를 전제하고 있다는 점을 상기해 봅시다. 쾌락을 주는 것은 선이고 고통을 주는 것은 악입니다. 형벌은 고통을 줄 수밖에 없으니 악에 해당하겠지요. 공리주의자에게 형벌이란 악에 해당하므로 매우 조심스러울 수밖에 없습니다. 형벌은 반드시 필요할 때에만 제한적으로 사용되어야 할 것입니다. 그 조건은 공리의 원리처럼 최대 다수에게 최대의 이득이 갈 때입니다. 사회에 긍정적인 효과를 줄 수 있는 경우에 한해서만 처벌이 사용되어야 한다는 뜻입니다.

처벌이 어떻게 사회적 이익으로 연결되는 것일까요? 이에 대한 공리주의의 답변은 두 갈래로 나누어집니다. 하나는 '일반 예방주의'입니다. 일반인에게 공포를 주어 죄를 지으면 안 되겠다는 생각이 널리 퍼진다면 범죄를 줄이는 데 도움이 되겠지요. 다른 하나는 '특수 예방주의'입니다. 범죄를 저질렀던 자가 처벌의 고통을 경험하고 다시는 죄를 저지르지 않겠다고 다짐한다면 더욱 안전한 사회를 만드는 데 도움이 된다는 논리입니다. 일반 예방주의든 특수 예방주의든 공리주의에서 형벌은 다수의 행복을 위해 존재합니다.

공리주의의 아버지로 일컬어지는 벤담은 형벌이 사회적 공리를 가져다주지 못한다면 무의미하다고 강조하였습니다. 그는 최소한의 비용으로 최대의 효과를 낼 수 있는 감옥 시설을 만들기 위해 고심하였고 파놉티콘panopticon을 고안해 냈습니다. 파놉티콘이란 가운데에 간수의 자리가 있고, 그 둘레로 내부가 훤히 보이는 수감 시설이 있는 원형 감옥인데요. 소수의 간수만으로 다수의 죄수를 감시할 수 있는 시설입니다. 일제가 수감된 조선의 독립 운동가들을 효율적으로 감시하기 위해 만든 서대문 형무소도 파놉티콘의 원리를 응용하여 지어졌습니다.

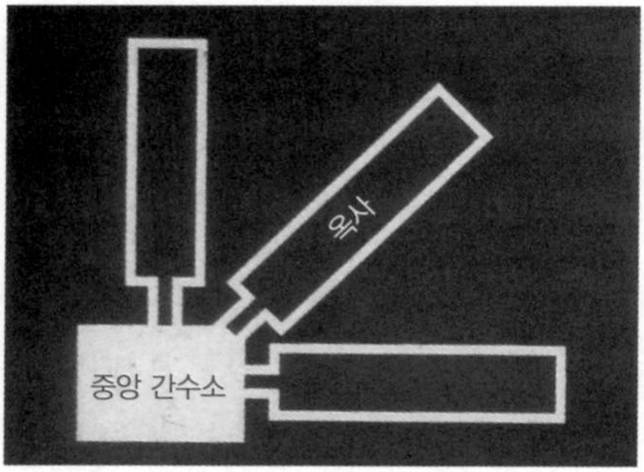

감시와 통제가 용이하도록 설계된 서대문 형무소 파놉티콘 옥사. 중앙 간수소를 중심으로 각 옥사를 부채꼴 모양으로 배치하였다.

형벌을 가하는 목적에 따라 응보주의와 공리주의로 나누어 살펴보았습니다. 범죄를 저질렀을 때 어느 정도의 처벌을 가해야 합당한가에 대한 궁금증이 자연스레 생깁니다. 피해자의 목숨이 끊어진 두 예를 생각해 볼까요. 실수로 교통사고를 일으켜 상대방을 사망에 이르게 한 경우와 앙심을 품고 고의로 살인한 경우를요. 두 사건 모두 피해자가 죽었다고 해서 가해자가 받을 처벌의 정도가 같다고 보기는 어렵습니다. 그렇다면 후자의 가해자는 얼마만큼의 처벌을 받아야 할까요? 죽을 때까지 출소할 수 없는 무기징역을 받아야 하나요, 아니면 사형을 당해야 하나요?

사형제도 찬반 논쟁

역사적으로 시행되어 온 사형의 방법은 너무나도 다양했습니다.

소크라테스는 젊은이를 타락시킨다는 등의 죄목으로 사형을 선고받고 독약을 마셨습니다. 예수는 십자가에 못 박히는 책형을 당했습니다. 잔 다르크는 신실한 종교인을 현혹하는 마녀로 몰려 산채로 불에 태워졌습니다. 프랑스 혁명 이후 루이 16세와 마리 앙투아네트는 단두대에서 최후를 맞았습니다. 동학농민운동에 앞장선 전봉준은 국가 반란죄를 이유로 교수형을 당하고 효수되었습니다. 조선 침략의 앞잡이를 처단했던 윤봉길 의사는 테러를 저질렀다는 명목으로 일제에 의해 총살당했습니다.

몇백 년 전만 하더라도 사형은 공개적이었습니다. 사형 집행은 대중에게 잔인하면서도 즐길 만한 구경거리였습니다. 우리가 즐겨 찾는 운동 경기장에 가서 좋아하는 팀을 응원하고 함성을 지르는 것처럼요. 여러분도 원형경기장에서 죄수와 맹수가 서로를 죽이기 위해 혈투하는 모습을 영화를 통해 접한 적이 있을 겁니다. 공개 처형은 악행을 저지른 사형수에게 직접적으로 분노를 표출하는 장이었습니다. 또한 살아 있는 사람이라면 죽음을 한 번도 겪어 보지 않았으므로 죽어 가는 과정은 어떠한지, 고통은 어느 정도 되는지 등의 궁금증을 확인할 수 있는 무대였습니다. 물론 사형을 보여 주는 것은 권력자의 힘을 과시하기 위한 유용한 도구이기도 했습니다. 당시 통치자의 명령은 곧 국법이니 만일 내 뜻을 위반하면 너도 이렇게 고통받으며 죽을 것이다 하는 엄포였을 겁니다.

사형제는 존치되어야 한다!

수업 시간에 사형에 대한 찬반 토론을 할 때마다 학생들은 너도나도 뜨거운 반응을 보입니다. 먼저 사형제도는 존치되어야 한다고 주장하는 학생 측이 강력하게 나옵니다. 이들은 뉴스에 끊임없이 등장하는 흉악 범죄를 예로 제시합니다. 어린아이를 수차례 성폭행하고 무참히 살해한 자가 등장합니다. 아무런 죄가 없고 연고도 없는 사람을 무차별하게 죽인 연쇄살인범도 나옵니다. 듣고 있던 학생들도 웅성거리며 뉴스에서 접했던 사형수의 이름을 외치기도 합니다.

사형제도를 찬성하는 학생은 격양된 목소리로 흉악범에게 인권이 주어져서는 안 된다고 주장합니다. 타인의 인권을 짓밟은 '놈'은 이미 인간이기를 포기했으므로 그에게까지 인권이 주어진다면 가장 소중한 인권의 가치가 도리어 땅에 떨어지는 결과가 된다고 말합니다. 또한 '역지사지'라는 카드를 꺼내 듭니다. 만일 자신의 가족이나 사랑하는 친구가 이유 없이 살해되었는데도 그 살인자가 처형되지 않고 버젓이 살아가고 있다면 얼마나 분통이 터지겠냐는 겁니다.

또 다른 이유도 있습니다. 누구나 죽음에 대한 공포가 있으니 사형을 당하기 싫으면 극악무도한 범죄는 저지르지 않을 것입니다. 그럼에도 흉악한 범죄를 저지르면 그 사람을 극형에 처함으로써 주변 사람들은 안전을 보장받을 수 있습니다. (공리주의의 '일반 예방주의'가 생각나네요.) 찬성 측은 우리나라가 사실상 사형폐지국이라는 점에도 분노를 표출합니다. 엄연히 사형제도가 있는데 왜 흉악범을 사형시키지

않고 우리 국민의 아까운 세금으로 지금까지 그들을 먹여 살리고 있느냐 이겁니다.

사형제는 폐지되어야 한다!

찬성 측 학생의 격양된 목소리를 조용히 듣고 있던 반대 측 학생의 반박도 만만치 않습니다. 그들은 찬성 측에서 이야기한 '인권'의 소중함을 같은 근거로 내세웁니다. 인간 존엄과 생명권은 아무리 나쁜 짓을 저지른 자라고 할지라도 누구나 누려야 하는 권리입니다. 세계인권선언문(제3조)에 나와 있듯이 "모든 사람은 생명, 자유 및 신체의 안

전에 대한 권리"를 가지고 있고, "누구도 고문 또는 잔인하고 비도덕적이며 모욕적인 취급 또는 형벌"을 받지 않아야 합니다(제5조). 소중한 생명을 앗아 갈 권리는 국가를 비롯한 어느 누구도 가질 수 없습니다.

더욱이 사형제 폐지를 주장하는 측은 국가가 실행할 형벌의 본질에 대한 근본적인 물음을 제기합니다. 국가가 악에 악으로 대응한다면 범죄자와 다를 바 없습니다. 국가의 역할은 보복을 하도록 부추기는 것이 아니라 잘못을 저지른 개인이 다시는 죄를 범하지 않도록 교육하고 교화하는 것입니다. 감옥이 교도소라는 이름으로 바뀐 것처럼 죄를 저지른 사람에게도 기회를 주어야 합니다. 그렇지만 죽음으로 끝을 맺어 버리면 끝내 그 사람을 변화시킬 수 없습니다.

다음으로 그들은 사형제의 효과에 대해서도 의문을 제기합니다. 이미 100여 개의 국가가 사형제를 완전히 폐지시켰고 실질적으로 사형을 집행하지 않는 국가의 수도 상당합니다. 반대 측은 그래프를 비롯한 통계 자료를 제시하면서 폐지 전과 비교하여 폐지 후의 살인율이나 극악범죄율이 증가하지 않았다고 주장합니다.

혹여 잘못된 판결이나 고의적인 오판으로 사형을 당할 경우 그의 죽음은 무엇으로 보상받을 수 있을까요? 사형수가 죽고 나서 진범이 나타난다면? 아니면 권력자가 자신의 명령을 따르지 않는다는 이유로 사형을 시킨다면? 역사를 돌이켜 보면 독재에 항거했다는 이유로 무수히 많은 사람이 사형당했습니다. 또한 장애인, 여자, 경제적 빈곤층과 같은 사회적 약자는 상대적으로 사형의 대상에 지목되기 쉬웠습니다. 현재까지 사형을 집행하고 있는 몇몇 국가에 해당하는 사례이기도 합니다.

사형에 대한 베카리아와 칸트의 입장

베카리아: 사형은 사회적 공리를 낳지 않는다

지금까지의 토론을 바탕으로 사형제도 하면 빼놓지 않고 등장하는 두 사상가의 입장을 살펴보기로 합시다. 바로 베카리아와 칸트입니다. 칸트는 앞에서 여러 차례 만나 보아서 익숙하니 베카리아를 간략히 소개해 볼게요. 베카리아는 『범죄와 형벌』을 쓴 18세기 이탈리아의 법철학자입니다. 그 시대에 비추어 보았을 때 그의 주장은 매우 급진적이었습니다. 익명으로 책이 출판될 수밖에 없었고 금서로 지정되기도 했지요. 그렇지만 이 책은 발간 이후 유럽 전역에 급속하게 퍼져 지식인 사이에서 널리 읽혔습니다. 그 이유는 무엇일까요? 잔혹한 형벌에 대해 문제를 제기하였고, 신분에 상관없이 같은 죄에 대해서는 동등한 처벌을 받아야 한다고 보았으며(오히려 범죄자의 신분이 높을수록 범죄의 공적 피해는 커진다고 주장하였죠!), 법률에 명시되어 있을 때에만 죄에 대한 처벌이 가능하다고 주장했고, 범죄 예방의 강력한 대책으로 시민의 교육을 강조했기 때문입니다. 형벌에 대한 구시대의 낡은 관습을 타파하고자 힘주어 말하는 그의 문체가 더욱 생생하게 느껴집니다.

베카리아는 범죄가 적을수록 사회에 더 이득이 된다고 보았습니다. 따라서 형벌은 범죄자가 시민에게 피해를 입힐 가능성을 차단하기 위해서만 사용되어야 하는 것이지, 복수, 응보, 신성모독이 형벌의 이유가 될 수 없다는 것입니다. 이는 앞에서 배운 공리주의적 관점에 해당하네요. 그렇다면 사형은 베카리아가 보는 형벌의 목적을 달성시켜 줄까요? 그는 "No!"라고 말합니다.

엄밀하게 말해 베카리아는 벤담에게 영향을 준 인물입니다. 벤담은 베카리아를 '나의 스승'으로 칭했습니다.

그 당시 사형을 반대하는 것은 그동안의 역사와 문화, 신, 신의 권력을 대리하는 왕에게 도전하는 것이나 마찬가지였을 겁니다. 그렇지만 그에게 있어 사형이란 전혀 합리적이지 않은 전근대적 미신에 불과했습니다. 어느 누구에게도 사람의 생사를 좌우할 수 있는 특권은 없습니다. 또한 시민 사회에서 법률을 제정할 때 자신이 사형당하는 것에 동의할 사람은 아무도 없을 겁니다.

형벌로 인한 범죄 예방의 효과는 처벌의 강도가 높고 잔인하게 죽인다고 위협해서 얻어지는 것이 아닙니다. 오히려 죄를 저지르면 무조건 처벌받는다는 확실성, 지나치지 않은 적절한 수준의 처벌 강도, 오랜 기간 죗값을 치른다는 지속성이 있어야 합니다. 사형을 바라보는 사람의 입장에서 그 순간은 매우 두려울지 모릅니다. 그러나 공포의 기억은 말 그대로 순간적이고 일시적입니다. '종신노역형'은 '끝이 보이지 않는 지루함과 비참함' 속에서 평생을 살아가야 하므로 더 강력한 제재가 될 수 있을 것이라고 베카리아는 보았습니다.

> 자유를 박탈당한 채 짐 나르는 짐승처럼 취급받고, 자신의 노동으로 그가 사회에 끼친 손해를 속죄하는 인간의 모습을 오래 보게 하는 것이 [사형보다] 더 효과적인 억제책이다.
>
> — 체사레 벡카리아, 한인섭 역, 『범죄와 형벌』, 박영사, 2010, 114쪽.

칸트: 살인자는 사형시켜야 한다

한편 칸트는 형벌이 공리주의적 목표 달성을 위해, 즉 시민의 안전과 행복을 보장하기 위해서 가해져서는 안 된다고 주장합니다. 국가가 개인에게 형벌을 가하는 것은 오로지 범죄를 저질렀다는 이유 때문이지요. 네, 맞아요. 칸트는 응보주의에 위치하고 있네요. 그렇다면 극형인 사형에 대한 칸트의 입장은? 칸트가 주장한 정언명령을 다시 떠올리며 유추해 봅시다. 인간의 존엄성을 강조하므로, 비록 살인자라 할지라도 그의 생명을 빼앗을 수는 없다고 말할까요? 아니면 살인은 타인의 인격을 자기 목적 달성의 수단으로 처분한 셈이니 처형되는 것이 마땅하다고 볼까요? 그의 책 『윤리형이상학』에는 이렇게 나와 있습니다.

> 그가 살인을 했다면, 그는 죽어야만 한다. … 범인에게 법적으로 집행되는 사형 외에는 '범죄와 보복의 동등성'이란 없다. … 시민사회

가 모든 구성원의 동의로써 해체될 때조차도, 감옥에 있는 마지막 살인자는 먼저 처형되어야만 할 것이다.

— 임마누엘 칸트, 백종현 역, 『윤리형이상학』, 아카넷, 2012, 295쪽.

응보의 관점에 따르면 죽음은 오직 죽음으로써만 되갚아질 수 있습니다. 따라서 살인에 대한 마땅한 대가는 사형입니다. 심지어 칸트는 사회가 해체된다고 할지라도 사형 집행은 반드시 이루어져 죄에 대한 죗값을 제대로 치러야 한다고 주장합니다. 칸트의 엄격하고 단호한 면모가 전해집니다. 나아가 살인범도 스스로 사형을 원함으로써 땅에 떨어진 인격을 구제해야 한다고 봅니다. 타인에게 행한 모욕은 자신에게 행한 모욕과 같으니 타인에 대한 살해는 곧 자신에 대한 살해나 마찬가지라는 것입니다. 즉, 욕구나 충동에 의해 살인을 저지른 자가 이성적으로 스스로의 사형을 원함으로써, 수단으로 간주된 타인의 인격뿐만 아니라 자신의 인격까지 본래의 위치로 회복할 수 있다는 것입니다.

이번 장에서는 조금 무거운 주제인 형벌과 사형에 대해서 논해 보았습니다. 형벌을 가해야 하는 목적과 이유를 공리주의적 관점과 응보주의적 관점으로 나누어 알아보았습니다. 국가가 가할 수 있는 처벌 중에서도 극형인 사형에 대한 찬반의 근거를 살펴보았습니다. 마지막으로 사형제도에 대한 베카리아와 칸트의 관점도 살펴보았습니다. 여태껏 공부한 것을 바탕으로 친구들과 형벌 및 사형에 대해 서로 대화하고 의견을 나누며 자신의 생각을 정리해 보기 바랍니다.

생각해 볼 문제

1. 다음은 2019년 국가인권위원회가 주최한 '사형제 및 대체 형벌 청문회'에서 오고 간 토론의 일부입니다. 이를 읽고 '사형제 및 대체 형벌'에 대한 입장을 정리해 봅시다.

> 김준우 민주사회를 위한 변호사 모임 변호사는 "사형제 완전폐지는 인권운동의 오래된 숙제였지만 여전히 만만치 않은 난제"라며 "(사형제 폐지를 위한) 개헌이나 국회나 청와대에 인권선도 역할을 기대하기는 어려운 상황에서 국가인권위가 흔들림 없이 인권기구로서 소임을 다해야 한다"고 요청했다. 김 변호사는 "학계에서는 위하력 효과도 분명치 않고, 오판 가능성 있는 사형제의 궁극적 폐지가 의미있는 다수의견"이라며 "문제는 대안이 어떤 것이어야 하느냐다"라고 지적했다.
>
> 인권위의 실태조사에 참여한 한영수 아주대 법학전문대학원 교수도 "사형제 폐지에 시민들이 두려워하는 것은 국가형벌의 위하 효과의 감축"이라며 "인간의 존엄과 생명권 등이 헌법적 가치와 국제적 인권기준을 고려해 사형을 폐지하는 입법적 결단이 필요하다"고 주장했다. 한 교수는 "절대적 종신형에 가까운 형벌로 사형을 대체해 시민들의 우려를 상쇄시킬 필요가 있다"며 "국민 여론을 반영하여 최대한 절대적 종신형에 가까운 상대적 종신형을 도입하는 것이 바람직하다"는 의견을 밝혔다.
>
> 이에 대해 이재교 세종대학교 법학부 교수는 "사형제 폐지는 살인범죄의 피해자를 증가시키는 반인권적·반헌법적인 조치"라며 "사형제

뿐 아니라 모든 정책에는 부작용이 있지만 효용이 막대하다면 부작용을 최소화하기 위해 노력해야 하는 것"이라고 강조했다. 또한 "사형이 비인도적인 형벌인 것은 맞지만 대체형벌인 가석방 없는 종신형 역시 비인도적 형벌"이라며 "형벌의 비인도성은 정도의 차이에 불과하다"고 반론했다.

김한균 한국형사정책연구원 연구위원도 "한국에서 형벌로서의 사형의 법적 지위와 형사 사법적 효과는 불명확한 상태"라며 "20년 가까운 구금기간 사형집행대기 상태의 수형자대상 처우를 해야 하는 부담은 법적 근거도 없이 교정기관이 짊어지는 상태"라고 전했다. 김 연구위원은 "사형을 선고하지 않거나 회피하는 법원에 대한 피해자의 불만과 여론의 비판은 사법부 불신으로 이어질 수 있다"며 "이런 비판과 불신은 법에 대한 신뢰에 뿌리를 두고 있기 때문에 비이성적이고 감정적인 움직임으로 과소평가해서는 안 된다"고 주장했다.

— "사형제 대신 종신형" vs "사형제 폐지, 피해자만 늘릴 뿐", 《뉴스1》, 2019. 5. 3.

2. 2015년 강원 고성군 GOP 총기난사사건에 대해 2016년 2월 19일에 내려진 대법원의 판결문 중 일부입니다. 대법원은 피고인에 대한 사형 선고가 정당하다고 보았습니다. 아래를 읽고 그 근거에 대한 생각을 말해 봅시다.

피고인이 학창시절에 따돌림을 당한 경험이 있거나 특정 불능의 인격장애 증상을 가지고 있는 등 개인적 취약성이 존재하는 사정, 피고인은 성년에 이른 지 얼마 되지 아니한 젊은 나이인 데다가 상당한 스트레스가 상존하는 GOP 환경에서 병역의무를 수행 중이었던 사정 및 피고인은 애초에 A급 관심사병으로 분류되어 있어 GOP에 투입될 수 없는 인원이었음에도 B급 관심사병 등급으로 조정됨으로써 GOP에 투입되어 위험성이 높은 살상무기를 손에 쥐게 된 사정이 이 사건의 원인 중 하나로 작용하였음은 앞에서 본 바와 같다.
그러나 인격장애는 질병이나 뇌손상 기타 정신과적 장애가 없이 소아기나 청년기부터 시작되어 성인이 될 때까지 지속되면서 인격의 비정상적 성장으로 성격이 변이·일탈되어 발생하는 장애로서, 이러한 인격장애로 스트레스에 대하여 융통성이 없는 병적 적응 형태의 반응이 나타날 수도 있으나 이를 생물학적 의미에서 정신장애나 질환으로 볼 수는 없다. 이와 같이 인격장애 혹은 기타 성격적 결함에 기하여 자신의 충동을 억제하지 못하여 범죄를 저지르게 되는 현상은 정상인에게서도 얼마든지 찾아볼 수 있는 일로서, 특별한 사정이 없는 한 이와 같은 성격적 결함을 가진 자에 대하여 자신의 충동을 억제하고 법을 준수하도록 요구하는 것이 기대할 수 없는 행위를 요구하는 것이라고 할 수 없다(대법원 2009. 2. 26. 선고 2008도9867 판결 등 참조). 따라서 자신에게 가해지는 비난이나 부담을 지나치게 무겁

거나 민감하게 받아들이는 인격장애 등 피고인의 개인적 취약성이 이 사건 범행에 이른 심리적 요인 중 하나가 되었다고 하더라도 범행의 경위와 계획성, 수단과 방법 등 제반 사정을 볼 때 이 사건 범행 당시 피고인의 사리판단능력에 어떠한 결함이 있었다고 볼 수 없을 뿐만 아니라, 기록을 살펴보아도 피고인에 대한 조직적인 따돌림이나 폭행, 가혹행위 등 감내하기 어려울 정도의 정신적, 신체적인 괴롭힘이 존재했다고 보기 어려운 이 사건에서 위와 같은 인격장애 등이 소초원 전원을 살해하기로 계획을 세우고 실행에 옮긴 피고인에 대한 비난 가능성을 경감할 만한 사정으로 고려되기는 어렵다.

10장 과학 기술과 윤리

미국의 천체물리학자 칼 세이건의 원작 소설을 바탕으로 만든 영화 〈콘택트〉는 외계 생명체와의 만남을 다룬 SF 영화입니다. 주인공 엘리는 우주로부터 오는 단파 신호를 수신하려는 노력 끝에 마침내 직녀성에서 오는 신호를 포착합니다. 해독된 신호의 내용은 외계인을 만나기 위한 1인용 이동 기계 장치의 설계도였습니다. 고등한 지적 외계 생명체를 만나는 지구인 대표 1인을 뽑는 심사가 이루어지는데, 지원자 중 한 명인 엘리는 외계인에게 한 가지만 질문할 수 있다면 어떤 질문을 하겠느냐는 물음을 받습니다. 이에 그녀는 "과학 기술의 발전을 고도로 이루면서도 어떻게 파멸하지 않고 살아남았는가?"를 질문하고 싶다고 대답합니다. 이 질문은 과학 기술이 고도로 발달된 사회를 유지하기 위해서는 반드시 과학 기술에 대한 적절한 통제가 따라야 함을 전제하고 있습니다.

과학 기술이 재앙을 가져올 수 있을까요?

우리는 '과학 기술'이란 말을 자연스럽게 사용하고 있지만 과학과 기술이 처음부터 연결되어 있었던 것은 아닙니다. 대략 16세기 중반부터 17세기 말에 걸쳐 형성된 서양의 근대 과학이 18~19세기의 산업 혁명 시기에 기술과 연결되면서 나타난 용어입니다. 오늘날에는 과학 기술이라는 말이 일반적으로 사용될 정도로 과학과 기술은 밀접한 관계를 맺고 있습니다. 과학이 응용되어 기술의 발전을 가져오고, 기술에서의 문제점이 다시 과학의 발전을 자극하는 상승 작용을 통해 과학 기술은 더욱 급속히 발전해 왔습니다.

오늘날 과학 기술의 중요성을 부정할 사람은 아무도 없을 것입니다. 과학 기술은 인류의 평균 수명을 연장하고 삶을 풍요롭고 편리하게 만드는 데 크게 기여해 왔습니다. 예를 들어 볼까요. 옛날에는 멀리 이사 간 친구와 연락을 해야 할 때 먼 길을 직접 찾아가거나 정성 들여 편지를 썼지요. 그러나 지금은 스마트폰의 메신저 어플로 쉽게 연락을 취할 수 있습니다. 이런 편리함에도 불구하고 과학 기술이 찬란한 진보만을 가져왔다고 말하기는 조심스럽습니다.

> 발꿈치를 들고 선 사람은 제대로 서지 못하고, 보폭을 크게 내딛는 사람은 제대로 가지 못한다(企者不立, 跨者不行).
>
> — 이강수 역, 『노자』, 길, 2007, 114쪽.

0.419

노자의 『도덕경』 제24장에 등장하는 구절입니다. 발꿈치를 높이 들고 있으면 오래 서 있기 어려운 것처럼, 장점이 있으면 단점이 함께 따라오기 마련입니다. 스마트폰이 좋고 편리한 건 사실이지만, 워낙 속도전으로 메시지를 보내다 보니 한 문장 한 문장을 정성스럽게 쓰던 손 편지의 맛이 사라진 것처럼요.

과학 기술은 부정적 측면도 아울러 지니고 있습니다. 과학 기술의 발달은 환경오염, 핵무기와 핵발전소의 위험, 생명공학 분야에서 인간 지위를 위협하는 등의 문제를 가져왔지요. 이로 인해 인류의 건강과 생존을 위협하고 인간의 존엄성을 훼손할 수 있는 위험성을 초래했습니다. 2011년 3월 11일에 발생한 일본 후쿠시마 핵발전소 사고를 떠올려 보세요. 이 사고 때문에 주변은 죽음의 땅이 되었습니다. 6년이 지난 지금까지도 방사능 수치를 줄이는 데는 속수무책이고 거주민들은 갈 곳을 잃었으며 먹을거리도 안전하지 못합니다. 핵발전소가 인류에게 주는 편리함이 결국 돌이킬 수 없는 사태를 낳게 된 것입니다.

이처럼 과학 기술이 무서운 재앙을 일으킬 수 있는 시대를 사는 우리는 과학 기술의 긍정적 측면을 살리면서도 그것의 부정적 측면을 최소화하려는 노력을 하지 않을 수 없습니다. 이러한 노력 가운데 하나가 과학 기술자의 윤리를 확고히 세우고 실천하는 것입니다.

과학 기술은 가치중립적이어야 할까요?

그런데 과학 기술이 윤리적 잣대로 평가받을 수 있을까요? 흔히 과학 기술을 특정 가치가 들어가지 않는 객관적이고 사실적인 것이라고 생각하는 경향이 있습니다. 다시 말해 과학 기술에 대해서는 '옳다', '그르다', '좋다', '나쁘다' 등의 가치 판단을 개입시키지 말라는 것이지요. 이는 과학 기술을 가치중립적으로 보는 입장입니다.

'가치중립성'이라는 말이 조금 어렵지요. 두 친구가 논쟁을 하고 있다고 생각해 보세요. 그런데 또 다른 학생이 "나는 중립을 지키겠어!"라고 말한다면 그 논쟁에 대해 누구의 편도 들지 않겠다는 뜻과 같지요. 즉 나는 어떤 입장이 옳은지 그른지에 대해 이야기하지 않겠다는 것입니다. 과학 기술의 가치중립성 역시 마찬가지입니다. 과학 기술에는 특정 가치가 개입될 여지가 없다는 것입니다.

> "과학 기술자는 사실을 기술記述하는 데 충실해야 한다. 과학 기술이 끼치는 사회적 영향에 대해서는 고민할 필요가 없다. 그러한 고민은 과학 기술을 사용하는 사람의 몫이다."
> "사실을 연구하는 과학 기술자 집단은 세상으로부터 독립성을 유지하고 있으며, 또 그렇게 하는 것이 중요하다."
>
> — 홍성욱, 『과학은 얼마나』, 서울대학교출판부, 2004, 106~107쪽.

이러한 입장을 지닌 사람은 과학 기술자의 사명은 사실을 연구하는 데 국한되며 그 연구의 결과가 사회에 끼치는 영향에 대해서는 과학 기술자가 책임질 필요가 없다고 봅니다. 그 책임은 가령 과학 기술의 사용을 주도하는 정치인이 져야 한다고 보는 것입니다.

하지만 과학 기술이 가치중립적이지 않다는 반론도 만만치 않습니다. 과학 기술자가 연구를 시작할 때 이 연구의 주제를 정하는 과정에서부터 가치 판단이 개입될 수밖에 없다고 보는 것이지요. 사실을 밝히고자 하는 본인의 호기심을 비롯하여 돈과 명예, 지위를 가져오는 분야에 대해 관심을 표할 경우, 여기에는 이미 특정 가치가 개입되어 있는 것이라는 반론입니다. 현재 '돈이 되지 않는' 곳에서는 과학 기술의 연구가 미진한 사례를 보면서, 과연 과학 기술이 가치중립적인가에 대해 의문을 제기하는 것입니다.

또한 오늘날 과학 기술은 인간 사회와 환경에 엄청난 영향을 미칠 수 있습니다. 이 영향은 긍정적인 것일 수도 있고 부정적인 것일 수도 있습니다. 현실적으로 어떤 과학 기술을 개발하고 사용할 것인가를 최종 결정하는 주체는 정부나 기업이 될 수도 있습니다. 그러나 그들에게 과학 기술을 제공하는 사람은 바로 과학 기술자이니 과학 기술자가 책임으로부터 완전히 자유로울 수는 없습니다. 과학 기술자 본인의 결단이 우리 사회와 환경에 미치는 영향이 매우 크다는 것이지요. 이런 점에서 과학 기술자의 윤리는 간과되어서는 안 됩니다.[14]

14 김환석, "과학기술 시대의 연구윤리", 유네스코한국위원회 편,『과학연구윤리』, 당대, 2001, 12쪽 참고.

과학 기술자에게 내부적으로 요구되는 윤리는?

과학 기술자에게 요구되는 윤리는 두 가지 차원으로 나누어 볼 수 있습니다. 하나는 과학 기술 연구를 직접 수행할 때 요구되는 윤리입니다. 다른 하나는 과학 기술자의 사회적 책임과 관련되어 있습니다. 먼저 전자의 윤리를 살펴볼까요.

과학 기술 내부에서 요구되는 윤리는 가령 과학자가 과학 실험을 하면서 무엇에 유의해야 하는지를 생각해 보면 되겠지요. "방법과 증명의 규칙을 준수하라", 또는 "허술한 추론이나 경솔한 실험, 실험 결과의 오류에 대해 침묵함으로써 자신과 다른 사람을 속이지 말라", 즉 "지적 성실성과 엄밀성을 유지하라"를 들 수 있습니다. 그리고 과학 기술자는 연구 과정에서 날조(없는 자료를 거짓으로 만듦), 변조(자료 내용을 조작함) 및 표절 등의 행위를 해서는 안 되며, 논문을 발표할 때 연구에 실제로 기여한 정도에 따라 저자 표시를 해야 한다는 규범 등을 들 수 있습니다.

한편 과학 기술자는 연구 대상에 대해서도 윤리적으로 고려해야 합니다. 예를 들어, 인간을 대상으로 하는 실험에서는 피험자에게 실험에 관한 충분한 정보를 제공하고 자발적인 동의를 구해야겠지요. 1964년 핀란드 헬싱키에서 채택된 '세계의사협회 헬싱키 선언: 인간

대상 의학연구 윤리원칙'의 일부를 읽어 봅시다.[15]

> 연구자는 잠재적 연구 대상자에게 연구의 목적, 방법, 재원의 출처, 가능한 모든 이해상충, 연구자의 소속 기관, 예견되는 이익과 잠재적 위험, 이에 따르는 불편, 연구 종료 후 지원, 그 외 연구와 관련된 측면들에 대해 충분히 설명해야 한다. 잠재적 연구 대상자에게 어떠한 불이익 없이 연구 참여를 거절할 수 있는 권리와, 참여 동의를 언제든 철회할 수 있는 권리가 있다는 것을 충분히 설명해야 한다. 또한 정보의 전달 방법뿐만 아니라 잠재적 연구 대상자의 특정 정보 요구에도 특별한 주의를 기울여야 한다. 연구자는 잠재적 연구 대상자가 정보를 이해한 것을 확인한 후에 잠재적 연구 대상자의 자발적 동의를 구해야 한다.
>
> — 세계의사협회 헬싱키 선언: 인간 대상 의학연구 윤리원칙(2013년 개정), 25항.

과학 기술자는 동물을 대상으로 하는 실험에서도 동물을 함부로 대하지 않도록 하는 3R원칙을 지킬 필요가 있습니다. 3R은 Replacement(대체), Refinement([고통의] 완화), Reduction([동물 수의] 감소)의 줄임말입니다. Replacement는 반드시 동물로 실험하지 않아도 된다면 다른 것으로 대체해야 하고, Refinement는 실험 시 동물의 고통

15 헬싱키 선언은 나치의 잔혹한 인체실험에 대한 반성에서 나온 뉘른베르크 강령을 수정 보완한 것입니다. 이 선언은 이후 몇 차례에 걸쳐 개정과 추가가 이루어졌습니다.

과 스트레스를 최소화해야 하며, Reduction은 최소한의 동물을 실험에 사용해야 한다는 의미입니다.

과학 기술자에게 요구되는 사회적 책임은?

이제 과학 기술 내부를 넘어서는 과학 기술자의 사회적 책임과 관련된 윤리에 대해 살펴보겠습니다. 과학 기술자의 사회적 책임을 본격적으로 논의하게 된 계기는 제2차 세계대전의 핵폭탄 투하였습니다. 대량살상무기인 핵폭탄 사용이 보여 준 참혹한 광경을 접하면서 과학 기술자의 사회적 책임에 대해 많은 사람들이 진지하게 생각하지 않을 수 없었습니다. 핵폭탄 사용을 계기로 과학 기술이 인류의 안전과 행복에 막대한 악영향을 끼칠 수 있다는 사실을 세상 사람들이 생생하게 깨닫게 된 것이지요.

세계과학자연맹이 1948년에 채택한 '과학자 헌장'에는 "과학자라는 직업에는 시민이 보통의 의무에 대해 지는 책임 외에 특수한 책임"이 따르며, "과학자는 대중이 가까이 하기 어려운 지식을 갖고 있거나 그것을 쉽게 가질 수 있기 때문에 이런 지식이 바르게 쓰이도록 전력을 다하지 않으면 안 된다"라는 규범이 있습니다. 특히 오늘날은 생명공학이 발달하면서 장기이식, 뇌사, 배아복제, 줄기세포, 유전자 조작,

'러셀-아인슈타인 선언'이 담긴 앨범. 1955년 7월 9일 철학자 러셀과 물리학자 아인슈타인 등 세계적인 학자 11명이 핵무기 경쟁에 의한 인류 파멸의 위기를 경고하는 '러셀-아인슈타인 선언'을 발표하였다. 이 선언은 각국 정부에게 분쟁의 평화적 해결을 권고하고 과학자들에게 사회적 책임을 촉구하였다.

인간 게놈 프로젝트 등을 둘러싸고 많은 논란이 벌어지고 있습니다. 과학 기술이 급속히 발전하고 그 영향력이 매우 커짐으로써 과학 기술자는 자신의 연구가 가져올 결과에 대해 무거운 책임을 느끼게 되었습니다.

우리는 과학 기술자가 사회적 책임을 져야 하는 이유를 다음과 같이 제시할 수 있습니다. 첫째, 과학 기술자는 예상할 수 있는 결과에 대해 책임을 져야 하기 때문입니다. 둘째, 과학 기술자도 엄연히 사회의 구성원이기 때문에 다른 사람에 대한 도덕적 의무(자비, 선행 등)를 지니고 있기 때문입니다. 셋째, 과학 기술자에게는 이익을 증진하고 해악을 피하도록 사회를 돕는 전문가로서의 의무가 있기 때문입니다. 넷째, 과학 기술자가 사회적 책임을 지는 것은 과학 기술에 대한 사회의 지지를 증진함으로써 결국 과학 기술에도 이로운 것이기 때문입니다.[16]

과학 기술자는 양심적으로 선택된 목적을 위해 자신의 전문적 지식을 사용해야 하고, 자신의 연구가 사회에 끼칠 수 있는 영향에 대해 살펴야 하며, 그 영향이 양심이나 도덕 원리의 요구에 어긋날 때는 연구를 거부할 수 있어야 합니다. 또한 어떤 과학 기술이 사회에 미치는 부정적 영향이 확인되었을 때, 그 정보를 사람들에게 공개하고 부정적 영향을 없애거나 최소화하는 데 힘써야 합니다.

이번 장에서 우리는 과학 기술의 장단점, 과학 기술의 가치중립성에 대한 논쟁, 그리고 과학 기술자가 지녀야 하는 내적 책임과 사회적 책임을 살펴보았습니다. 과학 기술은 인류에게 눈부신 풍요와 편리함을 가져다주었지만 잘못 사용될 경우 인간의 존엄성을 침해하고 생존까지 위협하는 부정적 측면도 가지고 있습니다. 그렇기 때문에 과학 기술자의 윤리를 중시하지 않을 수 없습니다. 동시에 과학 기술자들이 윤리적으로 연구 활동을 지속할 수 있도록 그들을 격려하고 힘을 불어넣는 시민의 노력과 사회제도적 지원 역시 중요하다는 점을 잊어서는 안 되겠습니다.

16 김환석, "과학기술 시대의 연구윤리", 『과학연구윤리』, 31쪽.

생각해 볼 문제

1. 다음 글을 읽고 폴링의 활동에 대한 자신의 생각을 제시해 봅시다.

폴링L. C. Pauling은 1954년 노벨 화학상과 1962년 노벨 평화상을 수상한 과학자이다. 그는 과학뿐만 아니라 과학의 사회적 문제에 대해서도 적극적으로 대처하였다. 폴링은 제2차 세계대전이 끝난 뒤에 아인슈타인이 의장을 맡았던 원자과학자비상위원회에 가입해 전쟁과 핵무기에 대한 반대 의사를 적극적으로 표현하였다. 그는 1957년 전 세계 과학자들에게 핵실험 중지를 지지해 달라고 요청하는 서한을 발송하였고, 몇 달 만에 9천 명이 넘는 과학자들의 서명을 모아 추가적인 핵실험 중지를 요구하는 청원서를 유엔에 제출하였다. 폴링은 1958년 『전쟁은 이제 그만!』이라는 책을 통해 핵무기 실험과 관련된 방사선 노출이 유발할 수 있는 위험에 대해 깊은 우려를 표명하기도 했다. 1961년 노벨상 수상자들을 위해 케네디 대통령이 마련한 백악관 만찬에 참석하는 전날에 백악관 앞에서 "케네디 씨, 우리는 핵실험을 할 권리가 없습니다"라는 피켓을 들고 시위를 벌이기도 했다. 이러한 활동들 때문에 폴링은 좌익급진주의자로 조사를 받았고 미국 재향 군인회로부터 '공산주의 노선의 선동자'라는 비난을 들었다.

— 송성수, "과학연구와 평화운동의 공존, 라이너스 폴링",
『대한기계학회저널』 48(6), 2008, 29~32쪽 참고.

2. 다음 대화에서 을이 갑에게 제기할 수 있는 비판 내용을 제시해 봅시다.

갑: 의사나 변호사처럼 자신의 노동에 대해 대가를 지불하는 사람을 고객으로 본다면 과학 기술자의 고객은 고용주가 됩니다. 과학 기술자의 고객을 이렇게 한정한다면 과학 기술자는 고용주의 요구에 부응하는 행위를 해야 합니다. 고용주의 요구가 사회적 이익과 어느 정도 상충한다 하더라도 과학 기술자는 그것에 대해 적극적으로 문제 제기를 할 수 없습니다.

을: 과학 기술의 영향력은 사회와 환경에까지 미칠 수 있습니다. 또한 적지 않은 과학 기술 연구가 국민의 세금을 통해 직간접적으로 지원을 받고 있습니다. 그렇기 때문에 과학 기술자의 고객은 일반 대중을 포함한다고 보아야 합니다. 과학 기술자는 고용주에 대한 의무를 넘어 사회적 차원의 책임을 져야 합니다.

— 송성수, "과학기술자의 사회적 책임과 윤리", 과학기술정책연구원 정책자료, 2001, 17~18쪽 참고.

11장

사이버 윤리

여러분은 오늘도 숨을 헐떡거리며 학교로 달려왔습니다. 일어나자마자 머리맡에 둔 휴대폰 알람을 끄고, 밤새 친구들에게서 온 메시지를 재빠르게 읽고, 이어폰을 연결해서 최신 곡을 흥얼거리며 정류장까지 뛰어와, 버스가 어디까지 왔는지 어플로 확인하고, 오늘 새벽에 업데이트된 웹툰을 보면서, 부랴부랴 버스에서 내렸습니다. 잠깐의 시간이지만 스마트폰과 떨어질 수 없는 삶을 살고 있는 것처럼 보입니다.

가상 세계와 물아일체된 삶은 비단 학생에게만 해당할까요? 선생님도 마찬가지입니다. 출근하면 제일 먼저 컴퓨터를 켜서 교내 선생님들로부터 온 메시지를 클릭하고, 수업을 위한 자료를 구하기 위해 인터넷 검색도 해 보고, NEIS(교육행정정보시스템)에 접속해서 여러분의 출결 사항과 특기 사항을 기록하기도 하지요. 또한 학교를 벗어난 곳곳에서도 가상 환경은 일터의 주요 배경으로 자리 잡았습니다.

우리나라가 IT 강국이라는 것은 잘 알려진 사실입니다. 2018년 말에 발행된 인터넷 이용실태조사 보고서(과학기술정보통신부 등)에 따르면, 전체 국민의 약 91%가 인터넷을 이용하고 있고, 특히 10대의 99.9%가 인터넷을 사용한다고 답변했습니다. 인터넷 사용자 대부분이 스마트폰을 이용하여 커뮤니케이션, 정보 수집, 게임, 영화, 인터넷 쇼핑 등을 하며 주당 평균 16.5시간을 보낸다고 하네요.

우리 사회는 인터넷, 컴퓨터, 스마트폰이 없으면 아무것도 할 수 없는 사회가 되어 버렸다고 해도 과언이 아닙니다. '4차 산업혁명'이라는 말도 심심찮게 들려오고 있습니다. 이렇게 급변하는 정보 사회에서 새롭고 다양한 윤리적 이슈들이 함께 부각되었는데요. 먼저 '사이버 윤리'라는 새로운 장을 마련할 필요가 있을지에 대해 생각해 봅시다.

산업혁명 단계

1차 산업혁명 (18세기 말)	2차 산업혁명 (19세기 말)	3차 산업혁명 (1960년대 이후)	4차 산업혁명 (21세기 이후)
증기기관 이용 공장식 생산 시작	전기에너지 기반의 대량 생산	컴퓨터, 인터넷 기술 도입 (지식정보혁명)	정보통신기술(ICT) 중심 사물인터넷과 인공지능

자료: 대한민국제조혁신콘퍼런스(KWAC), 한국인더스트리4.0협회

4차 산업혁명은 사물인터넷 · 빅데이터 · 인공지능 · 3D프린터의 발달로 인해 실재와 가상이 통합돼 사물을 자동적, 지능적으로 제어할 수 있는 가상물리 시스템이 도입된 것을 말합니다(AI · 빅데이터 활용 '스마트공장' … 제조업 생산방식 혁명 이끈다, 《한겨레》, 2017. 1. 16.).

사이버 윤리와 현실의 윤리는 다를까?

인터넷 공간에서 필요한 윤리가 따로 존재해야 할까요? 현재의 윤리적 담론이 확장되기만 하면 그만이지 않을까요? 왜 굳이 '사이버 윤리', '인터넷 윤리'라는 용어가 사용되고 있을까요?

인터넷 윤리가 새롭게 설정될 필요가 없다고 보는 시각에서는 기존의 윤리를 재구성하고 재해석하면 된다고 말합니다. 윤리의 본질은 과거나 지금이나, 근대 사회나 정보 사회나 변함이 없다는 것이지요. 즉, 인터넷 공간에서 따라야 할 규범은 타인을 배려하고 존중해야 하는, 현실 생활에서 지켜야 할 원칙과 다를 바 없다는 점을 부각시킵니다.

한편 새로운 장에서 논의가 필요하다고 주장하는 측에서는 현실 공간과 사이버 공간이 구별되는 명백한 특징이 있다는 점을 강조합니다. 먼저, 현실 공간과는 달리 사이버 공간은 시공간의 제약이 없습니다. 언제 어디에서나 접속이 가능하지요. 밤늦은 시각이든 이른 아침이든, 지하철 안이든 해외에 있든, 친구들과 인스턴트 메시지를 주고받을 수 있는 것처럼 말입니다.

특히 공간의 한계로부터 자유로운 인터넷의 특성상 불특정 다수에게 전파되는 정보의 확산 속도는 순식간입니다. 혹시라도 잘못된 사실이 유포되었을 경우 그 파급 효과는 엄청나지만, 누구에게 퍼졌는지 명확히 알 수 없는 정보를 시정하기는 쉽지 않습니다.

한 번도 직면해 본 적 없는 사이버상에서 발생하는 문제를 두고 사람들은 우왕좌왕합니다. 국회 또한 관련 법률을 제정하려고 하지만 절차에 따라 상당한 시일이 걸리지요. 자고 일어나면 급변하는 사회에서 소 잃고 외양간 고치는 식의 뒷북정책이 반복적으로 관찰됩니다. 첨단 기술의 발전은 눈부시게 빠른데, 그에 걸맞은 윤리적 제재나 법률적 규제는 그 속도를 뒤따라가지 못하고 있습니다. 이를 두고 '윤리적 지체' 또는 '정책적 진공'이라는 표현을 사용합니다. 따라서 위와 같은 문제를 극복하기 위해서라도 정보윤리가 새로운 윤리의 장으로 논의되어야 한다는 논리입니다.

정보윤리를 윤리의 새로운 영역으로 설정해야 하는가에 대한 논쟁을 자세히 살펴보면 대척점만 있지 않습니다. 인간을 목적 그 자체로 대우해야 한다는 인간 존엄성의 원칙은 두 시각 모두가 공유하고 있는 기본적 가치이니까요. 어찌되었든 현대 정보 사회에서는 산업 사회에서 발생하지 않았던 문제들이 쏟아져 나오고 있습니다. 지금부터는 사이버상에서 흔히 일어나고 있는 윤리적 문제를 살펴보고, 이에 대한 해결책도 함께 고민해 보도록 합시다.

정보 사회에서 발생하는 윤리적 주제들

인터넷에서 표현의 자유는 제한되어야 할까?

사람을 직접 만나는 곳에서는 '나'가 누구인지 드러나기 때문에 언행을 조심하기 마련입니다. 하지만 사이버상에서 상대방은 '나'가 어떻게 생겼는지, 몇 살이고 성별은 무엇인지, 어디에 사는지를 알 수 없습니다. 이와 같은 사이버 공간의 특성을 '익명성'이라고 합니다. 익명성은 '나'를 노출시켜야 한다는 부담을 줄여 줍니다. 그래서 낯선 사람과 자연스럽게 소통할 수 있고, 때로는 누군가를 향해 쓴소리를 할 수도 있으며, 혼자서 끙끙 앓는 고민을 좀 더 쉽게 털어놓을 수가 있지요.

그러나 이러한 익명성으로 인해 쏟아지는 표현들이 때로는 지나치다고 보는 시각이 있습니다. 자기를 밝히지 않아도 되니 여과 없는 비판을 하고, 그것이 화살이 되어 상대방은 불쾌감을 느끼게 되는 것이지요. 어떤 방송인은 사이버 모욕을 당했다는 이유로 자신이 등장하는 기사에 악성 댓글을 단 네티즌을 형사 고발했습니다. 심지어 이를 견디다 못해 목숨까지 끊는 사례도 있었습니다.

무려 2500년 전에 그리스의 철학자 플라톤은 『국가』에서 익명성의 문제에 대해 이미 논했다는 사실을 여러분은 알고 있나요? 어느 날 기게스라는 목동이 반지를 습득합니다. 그런데 이 반지는 보통 반지가 아닙니다. 반지를 아래로 돌리면 자기의 모습을 감출 수 있게 된다는 사실을 알게 된 기게스는 가만히 있지 않습니다. 갖고 싶었던 물건을 훔치기도 하구요. 왕궁으로 들어가서 왕비를 겁탈하고, 왕을 죽인 후 스스로 왕위에까지 오릅니다. 익명성으로 위장한 인간의 이기심을 단적으로 보여 주고 있는 사례입니다.

사실 '표현의 자유'에 대해 활발하게 논의하기 시작한 때는 가상 공간이 등장하기 전이었습니다. 근대 시민 사회로 접어들면서 국가나 사회가 개인을 제약할 수 없는 절대적인 권리로 표현의 자유가 인정받은 것입니다. 존 스튜어트 밀은『자유론』에서 누구에게도 침묵을 강요할 권리는 없다고 주장하였습니다. 오히려 개개인에게 사상의 자유를 부여하여 활발한 논쟁과 토론이 이루어지게끔 해야 하고, 그렇게 해야만 결과적으로 진리에 가깝게 다가갈 수 있다고 여겼습니다.

> 부분적인 진리를 둘러싸고 격렬하게 충돌하는 것보다 진리의 절반에 대해 소리 없이 억압하는 것이 사실은 더 무서운 결과를 낳는다.
>
> — 존 스튜어트 밀, 서병훈 역,『자유론』, 책세상, 2011, 102쪽.

표현의 자유는 헌법에도 명시되어 있는 기본적인 권리입니다. 하지만 익명성에 바탕을 둔 게시물이 타인에게 피해를 준다면 제한을 가해야 할까요? 2012년 헌법재판소는 본인이 누구인지를 밝히는 절차를 거친 후에 게시글을 작성할 수 있도록 하는 '인터넷 실명제'는 위헌이라고 판결했습니다. 물론 근거 없는 비방이나 허위 사실을 유포하는 행위에 대해서는 법적인 처벌이 가해져야 마땅할 것입니다. 하지만 표현의 자유를 모든 사람에게 제한한다면, 내부 고발자나 사회적 소수자가 부당한 일에 대해 마음 놓고 발언할 기회가 사라질 수 있다는 우려가 더 컸던 것으로 보입니다.

'나'도 모르게 내가 알려져 있다?

여러분은 SNS에 무엇을 올리나요? 셀카? 친구의 안부? 신상품 사용에 대한 후기? 영화와 책을 감상한 후의 평가? 그런데 이렇게 무심코 올린 데이터가 축적되면 유의미한 정보가 될 수 있다는 사실, 알고 있었나요? 그 정보를 통해 역으로 내가 누구인지, 나의 가족과 친구들은 누구이며 나와 어떤 관계인지, 내 취미가 무엇인지, 정치적 성향이 어떤지도 파악할 수 있다고 합니다.

SNS뿐만 아니라 정보가 될 만한 요소는 많습니다. 평소 웹사이트에서 검색하는 단어나 문장, 클릭하는 링크, 게시물에 대한 호감도 표시, 대중교통 어플리케이션을 통한 버스 노선 검색이나 길 찾기, 클라우드에 사적으로 업로드한 게시물까지. 이를 활용하여 기업은 소비자의 성향을 파악하고, 정당은 유권자의 선호를 알아낼 수 있으며, 공권력은 범죄자까지 색출할 수 있다고 합니다. 이처럼 정형화된 정보를 넘어 비정형적, 반정형적 정보를 통틀어 의미하는 '빅데이터'가 뜨거운 이슈가 되고 있습니다.

한편 최근 개발되는 디지털 기기는 단순히 휴대폰을 넘어서 전반적인 사물에까지 확대되고 있습니다. 운전자 없이도 목적지에 도착할 수 있는 자율주행 자동차가 개발되어 시판을 앞두고 있고, 스마트 워치를 차거나 스마트 옷을 입고 운동 시 달라지는 심박수, 혈압, 체온을 체크할 수도 있지요. 이와 같은 사물인터넷(Internet of Things: IoT) 기술로 인해 우리가 사용하는 물건과 인간의 삶이 더욱 가까워졌습니다.

문제는 빅데이터와 사물인터넷 모두 개인정보 유출 문제와 맞물려 있다는 점입니다. 개인정보를 식별할 수 없도록 가공한 후에 빅데이터의 이용을 활성화시키면 된다고 반박할 수도 있습니다. 그러나 비식별화된 정보를 식별 가능한 본래 정보로 되돌릴 가능성이 존재하지요. 그뿐만 아니라 개인이 남긴 어떠한 흔적, 지문이나 홍채 등 생체정보, 심지어 아래 기사처럼 의료 데이터와 같은 개인정보가 만천하에 공개될 경우, 돌이킬 수 없는 사태가 발생할 수 있습니다.

비식별화란 개인을 구별할 수 있는 특정 요소(성별, 나이, 이름, 전화번호, 학력, 주소 등)를 삭제, 변경, 가공시켜 누구인지 알아볼 수 없도록 하는 조치를 말합니다.

영국 일간지인 가디언은 지난 10일(현지시간) 기업이 개인의 의료 데이터를 사고파는 것으로 수조 원을 벌고 있다고 폭로한 책 '우리의 몸, 우리의 데이터' Our Bodies, Our Data의 저자인 사회과학자 아담 태너와의 인터뷰 내용을 소개했다. 아담 태너에 따르면 환자가 어떻게 병에 걸리게 됐는지, 어떤 수술을 경험한 적이 있는지 등 의료에 관한 대부분의 개인정보가 매매되고 있다. 그러나 대부분의 경우 매매가 되는 의료 데이터에서 이름 등 개인을 식별할 수 있는 정보는 삭제되고 있다. 의료 데이터 브로커 등에 따르면 예를 들어 '김 아무개'라는 환자의 의료 데이터는 이름이 삭제돼 단순하게 '24601'같은 숫자의 나열로 표기된다. 아담 태너는 "담당 주치의밖에 자신의 의료정보가 공유되지 않는다고 알고 있지만, 실상은 개인 의료정보가 상업적으로 판매되고 있는 것을 알 수 있다"고 말했다. 또 그에 따르면 환자의 의료 데이터는 성별, 나이, 주거 지역 등의 정보가 포함돼 판매되고 있다.

— 개인 의료정보 거래에 수조원이 움직인다, 《ZDNet Korea》, 2017. 1. 12.

이전에도 인터넷 쇼핑 사이트나 인터넷 은행에서 휴대폰, 집 주소, 카드 번호 등과 같은 개인정보가 유출되는 사건으로 온 나라가 떠들썩했었죠. "나의 개인정보는 내 것이 아닌 모두의 것"이라는 우스갯소리의 한편에서, 개인정보에 대한 자기 결정권이 침해될 수 있다는 심각성을 생각하지 않을 수 없습니다.

나도 설마 인터넷 중독?

하나같이 고개를 숙이고 어딘가에 몰두하고 있습니다. 식당, 도서관, 카페, 버스 안이나 지하철 안에서도, 심지어 길거리나 횡단보도에서도요. 무엇에 그리 열중하고 있기에 옆에 사람들과 함께 있는데도 말 한마디 하지 않고 각자의 화면에 빠져 있는 것일까요.

과거에는 인터넷 중독이라고 하면 소수의 사람이 현실 생활에 적응을 못할 정도로 인터넷 게임 등에 빠져 헤어 나오지 못하는 경우가 문제시되었습니다. 가상 공간과 현실을 구분하지 못하고 게임에서 하던 잔인한 폭력 행위를 자신의 가족에게 그대로 가하는 행태가 뉴스에 보도되었습니다. 그런데 현재는 인터넷 중독 현상이 특정인에게만 해당되지 않는 것 같습니다. 우리 주위는 일상에서 양 엄지손가락을 끊임없이 사용하는 사람들로 가득합니다.

인터넷 중독 상담센터http://www.iapc.or.kr에서는 스스로가 인터넷, 온라인 게임, 스마트폰에 중독되었는가를 진단해 볼 수 있습니다. 대상도 유아, 아동, 청소년, 성인으로 다양합니다. 청소년 스마트폰 중독 자가 진단 문항을 잠깐 살펴볼까요.

□ 스마트폰을 사용할 수 없게 된다면 견디기 힘들 것이다.
□ 스마트폰 사용시간을 줄이려고 해 보았지만 실패한다.
□ 스마트폰 사용 때문에 계획한 일(공부, 숙제 또는 학원수강 등)을 하기 어렵다.
□ 수시로 스마트폰을 사용하다가 지적을 받은 적이 있다.
□ 스마트폰을 사용할 때 '그만해야지'라고 생각은 하면서도 계속한다.

어떤가요. “매우 그렇다” 또는 “그렇다”라고 답변해야 할 것 같지 않나요?

여기에서 우리는 ‘디지털 디톡스(단식) 운동’에 주목할 필요가 있습니다. 디톡스란 몸속의 독소나 노폐물을 빼낸다는 의미입니다. 몸에 좋지 않은 음식을 끊어 버리는 것처럼 단 몇 시간이라도 디지털 기기와 멀어져 보자는 제안에 많은 사람들이 공감하고 있습니다. 10분만 더, 라고 속으로 되뇌며 머뭇거리지 말고 노트북 화면을 덮고 휴대폰 전원을 끕니다. 그러고 나서 몸을 움직이고, 나무와 하늘을 쳐다보고, 곁에 있는 소중한 사람과 대면하고 소통합니다. 스스로 디지털 기기의 노예가 아님을 선언하는 것이지요.

IT와 밀접한 작업을 하고 있는 사람들의 자녀들 또한 엄격한 제한을 받고 있다는 이야기가 화제가 되었습니다. 스마트 산업의 최측근자가 스마트 기기 중독의 위험에 대해 경고하는 아이러니함을 어떻게 생각하나요? 애플의 CEO였던 스티브 잡스는 인터뷰에서 "아이들은 (아이패드를) 써 본 일이 없다", "집에서는 아이들의 (첨단) 기술 사용을 어느 정도는 제한한다"라고 밝혀 화제가 되었고, 구글의 창업자인 에릭 슈미트는 "컴퓨터와 휴대폰을 꺼라. 그리고 인생에서 가장 중요한 것이 무엇인지 생각하라"라고 말한 바 있습니다. 이들의 발언은 스마트 기술을 절제하며 사용할 필요가 있음을 말해 줍니다.

현명한 삶의 주인은 '나'!

인터넷 사회에서 우리가 자주 맞닥뜨리게 되는 윤리적 주제에 대해 살펴보았습니다. 사이버 공간에서 표현의 자유를 어디까지 인정해야 하는지, 개인정보 유출과 인터넷 중독 등의 문제에 대해서도 알아보았습니다. 정보 사회는 계속해서 진화할 가능성이 높으므로 이 외에도 예기치 못한 여러 윤리적 문제들이 발생할 수 있겠지요.

아리스토텔레스의 윤리학은 21세기 정보 사회에도 여전히 회자되고 있습니다. 그 이유는 우리가 인간다운 인간이 되기를 소망하는 목적 자체는 변하지 않았기 때문입니다. 그는 『니코마코스 윤리학』에서 동식물이 아니라 인간이기 때문에 갖추어야 할 덕에 대해 역설합니다. 특히 품성적 덕을 '중용'으로 설명합니다. 중용이란 극단에 치우치지 않은 상태입니다. 즉, 때와 장소에 맞게, 마땅하고 적절한 방식으로 반응하고 행하는 것이지요. 중용은 누구나 알고 행할 수 있는 쉬운 덕목이 아닙니다. 좋은 행동이 곧 나의 습관이 될 수 있도록 부단한 노력이 필요합니다.

> "어린 시절부터 죽 이렇게 습관을 들였는지 혹은 저렇게 습관을 들였는지는 결코 사소한 차이를 만드는 것이 아니다. 그것은 대단히 큰 차이, 아니 모든 차이를 만드는 것이다."
>
> — 아리스토텔레스, 강상진 외 역, 『니코마코스 윤리학』, 53쪽.

스마트 시대, 아리스토텔레스의 중용을 이렇게 비유해 볼 수 있지 않을까요? 자신의 삶을 갉아먹는 특정 사이트에 방문하지 않겠다는 스스로의 다짐, 스마트 기기 사용에 대한 스스로의 시간 제한, 사이버 범죄에 빠지지 않을 수 있는 절제력, 무엇보다도 스마트 기기를 인간의 편의를 위한 도구의 역할에 머물도록 제한하는 힘. 이 모든 것이 정보 사회를 살아가는 우리들에게 필요한 중용이라고 생각합니다.

이번 장에서는 사이버 공간에서 발생하는 윤리적 문제를 살펴보았습니다. 인터넷 공간에서의 표현의 자유와 제한 문제, 인터넷의 특성상 사적 정보가 방대하게 유출됨에 따라 발생하는 개인정보 보호와 자기 결정권 침해 문제, 그리고 인터넷 중독에 따른 문제를 지적했습니다.

스마트폰을 비롯한 가상 공간의 창조는 가히 혁명을 불러일으켰습니다. 그리고 우리의 삶을 더욱 편리하게 변화시켰습니다. 그러나 이러한 편리함을 주체적으로 누릴 수 있는 주인의 역할은 결국 우리 자신이 해낼 수밖에 없다는 점을 명심하시기 바랍니다.

생각해 볼 문제

1. 다음 사례는 근래 주목받고 있는 사물인터넷 기술의 발달로 사람들의 안전이 위협받을 수 있음을 시사하고 있습니다. 이 문제에 대한 해결 방안을 생각해 봅시다.

> IT 매체 와이어드는 21일(현지시간) NSA 해커 출신 찰리 밀러와 보안 전문회사 IO액티브 연구원 크리스 발라섹이라는 해커 두 명과 함께 자동차 해킹을 시연해보인 내용을 보도했다. 실험에 쓰인 자동차는 피아트크라이슬러 그룹의 브랜드 지프Jeep 체로키다.
>
> 해커들은 자신들이 개발한 이 해킹 프로그램으로 차량과 멀리 떨어진 집에서 자동차의 모든 걸 마음대로 조작했다. 라디오, 에어컨, 와이퍼는 물론, 엔진과 브레이크까지. GPS를 이용한 위치추적도 가능했다.
>
> 이런 식의 해킹이 가능했던 건 '인터넷' 때문이었다. 실험 대상이 된 체로키에는 '유커넥트'라는 시스템이 탑재되어 있다. 영상과 음악은 물론, 내비게이션 등 차량의 각종 기능을 컨트롤하는 시스템이다. 이 시스템은 셀룰러 네트워크를 통해 인터넷에 연결되어 있다. 사물인터넷 시대에 맞춰 새로운 대세로 떠오르고 있다는 '커넥티드 카connected car'다. 와이어드에 따르면, 자동차의 IP 주소만 확보된다면 해커들은 어디서든 원격으로 자동차를 조종할 수 있다.
>
> — 자동차 무선해킹이 가능하다는 사실이 입증됐다, 《허핑턴포스트코리아》, 2015. 7. 22.

2. 아래의 글은 인공지능이 개발됨에 따라 '킬러 로봇'의 등장 가능성을 말하고 있습니다. ㉠에 대한 본인의 생각을 말해 보도록 합시다.

> 4차 산업혁명 시대가 도래하면서 우리는 지식과 정보가 공유되고 스마트폰이 상용화되면서 누구든 아무도 생각지 못했던 기술을 개발할 수 있게 됐고, 기존의 세계관마저도 손쉽게 뒤흔들 수 있게 됐다. 이런 상황은 필연적으로 윤리 문제를 불러일으킨다.
> 가장 첨예한 논쟁은 바로 인공지능과 관련된 윤리다. ㉠ 인간의 명령 없이 스스로의 의지로 살인할 수 있는 로봇인 '킬러 로봇'(자동살인기계)을 개발하려는 움직임에 대해 인류는 어떻게 대응해야 할 것인가? 미 펜타곤(국방부)은 얼굴 인식 기능을 갖춰 적을 찾아내 살해할 수 있는 기능을 탑재한 드론을 개발해 이미 테스트했다. 러시아와 이스라엘도 이미 주변을 감시하고 움직이는 물체를 쏠 수 있는 정도의 기술은 확보해두고 있는 것으로 알려져 있다.
>
> — VR 성추행 · 유전자 편집 … '혁명'은 윤리를 곤경에 빠뜨린다, 《한겨레》, 2017. 1. 24.

12장
환경윤리

인간은 자신에게 이익이 되도록 자연을 개발하고 사용했습니다. 때로는 파괴했습니다. 이에 대한 대가는 천천히 그러나 지속적으로 나타나고 있습니다. 미국 듀크대의 국제 연구팀에 따르면, 생물종의 멸종이 인간이 지구에 출현하기 이전에 비해 약 1000배 빠른 속도로 진행되고 있습니다. 인간이 내뿜은 온실가스 때문에 북극과 남극의 빙산이 급속하게 녹고 있습니다. 지구의 경고가 심각한 것임을 모든 사람이 알아차릴 즈음엔 이미 너무 늦어서 손을 쓸 수 없는 지경에 이를지 모릅니다. 어쩌면 영화에서 익숙하게 볼 수 있었던 '환경파괴로 인한 인류의 멸종'이 실제로 일어날 수도 있지 않을까요?

환경윤리에 대한 논의는 인간이 자연을 마음대로 주무를 수 있는 대상으로 파악하는 인간중심주의의 한계를 자각한 데에서 시작했습니다. 인간이 지구에서 우월한 위치에 있다고 생각하지 말아야 한다는 탈인간중심주의적 논의가 부상한 것입니다. 탈인간중심주의는 인

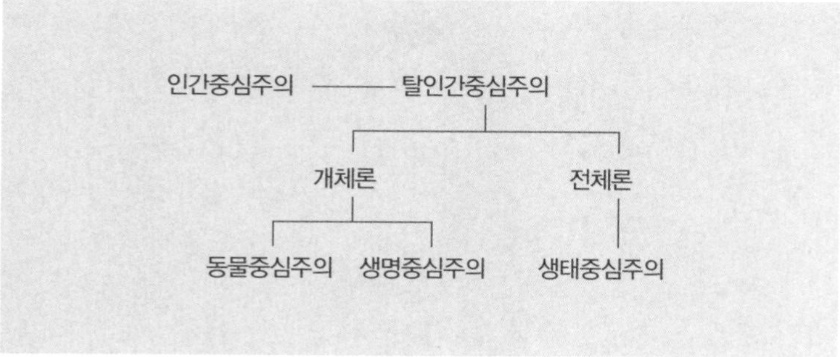

간 이외에 도덕적으로 고려해야 할 대상이나 내재적 가치를 부여할 대상을 어디까지 확장하는가에 따라 동물중심주의, 생명중심주의, 그리고 생태중심주의로 나눌 수 있습니다.

도덕적 고려, 내재적 가치란 말을 쉽게 설명해 볼게요. 도덕적 고려란 인간이 어떤 행동을 하기에 앞서 이에 대한 책임을 져야 하는가에 대해 생각해 보는 것을 말합니다. 예를 들어 생명중심주의자는 도덕적 고려가 생명을 지닌 모든 존재에 미쳐야 한다고 주장하겠지요. 한편 내재적 가치란 무엇을 가치 있다고 여길 때 그것이 다른 것에 유익한 수단이 아니라 그 자체로 가치를 지니고 있다는 뜻입니다. 생명중심주의자에게 생명은 다른 것의 수단으로서 가치 있는 것이 아니라 그 자체로 가치 있는 것입니다. 내재적 가치의 반대말은 도구적 가치입니다. 다른 어떤 것을 얻기 위한 수단으로서의 가치를 말합니다.

앞으로 배우게 될 인간중심주의, 탈인간중심주의의 여러 관점이 복잡하고 헛갈릴 수 있습니다. 두 가지 팁을 드리도록 하지요. 하나는 한 가지 관점을 배울 때마다 여러분이 그 입장을 옹호하는 사람이 되어 보는 겁니다. 그 입장에 서서 다른 입장을 비판해 보고 반대편의 반박에 대응해 보세요. 다른 하나는 최종적으로 본인의 생각에 가장 근접한 관점이 무엇인가를 파악해 보는 것입니다.

인간중심주의

서구 사회가 인간중심주의적 사고를 할 수 있었던 배경으로는 유대·그리스도교 사상과 고대 그리스 사상을 들 수 있습니다. 먼저 유대·그리스도교 사상의 기원을 알 수 있는『성경』의 창세기 구절을 봅시다. "살아 움직이는 모든 짐승이 너희의 양식이 되리라. 내가 전에 풀과 곡식을 양식으로 주었듯이 이제 이 모든 것을 너희에게 준다"(창세기 9:3). 신이 이렇게 말씀하셨기 때문에 인간은 동식물을 먹고 다스려도 되는 존재인 것이죠.

한편 고대 그리스의 아리스토텔레스가 보여 주는 목적론적 사유에 주목해 봅시다. 당시 사람들은 모든 것은 이유 없이 존재하는 것이 아니라 특정 목적이 있기 때문에 존재한다고 생각했습니다. 존재하는 이상 주어진 목적은 달성되어야 합니다. 그렇다면 식물이나 동물은 무슨 목적을 위해 존재하는 걸까요. 아리스토텔레스는 식물은 동물을 위해, 동물은 인간을 위해 존재한다고 주장합니다. 인간은 동물과 식물이 지니고 있지 않은 이성적 능력을 발휘할 수 있는 존재이기 때문입니다. 인간 이외의 존재는 그들이 만들어진 목적에 따라 인간을 위한 수단으로 쓰이는 것이 당연했습니다.

서양의 중세 사상가로 대표되는 아퀴나스는 고대 목적론을 기독교 사상에 잘 녹여냅니다. 그는 『신학대전』에서 "신의 섭리에 의해 동물은 자연의 과정에서 인간이 사용하도록 운명 지어졌기 때문에 동물을 죽이는 것은 죄가 아니다. 따라서 동물을 죽이거나 다른 방식으로 인간이 동물을 사용하더라도 결코 부정의한 것은 아니다"라고 말합니다. 동물은 인간의 필요에 따라 사용될 수 있도록 신이 창조한 것이므로 인간이 동물을 죽이는 것은 잘못이 아니라는 것입니다.

이렇듯 인간중심주의적 사고는 인간과 인간 아닌 것의 가치를 다르게 평가합니다. 인간만이 목적 자체가 될 수 있고 내재적 가치를 지닌 존재입니다. 그렇다면 "너 자신과 다른 모든 사람의 인격을 단지 수단으로만 여기지 말고, 언제나 동시에 목적으로 대우하라"라고 인간 존엄성을 강조한 칸트는 동물을 어떻게 바라볼까요?

생명을 지니고 있지만 이성을 지니고 있지는 않은 피조물과 관련하여, 동물을 거칠고 잔인하게 다루는 것은 인간의 자기 자신에 대한 의무에 위배되는 것이며, 인간은 그렇게 하지 말아야 할 의무를 지닌다. 왜냐하면 동물을 잔인하게 다루는 것은 동물의 고통을 함께 느끼는 우리의 감정을 무디게 함으로써, 다른 사람과의 관계에 있어 우리의 도덕성에 크게 기여하는 자연적 기질을 약화시키고 점차 사라져 버리게 하기 때문이다.

— 칸트, 『도덕형이상학』, A 108, §17.

칸트는 인간중심주의자의 입장에 서 있음에도 분명 동물을 함부로 대하지 말라고 주장합니다. 그 이유는 인간이 동물에 대한 직접적인 의무를 지니기 때문이 아니라, 그런 행동이 인간에 대한 의무를 거스를 수 있기 때문에, 즉 '간접적'인 의무를 지니기 때문이라고 말합니다. 어떤 사람이 동물을 학대하는 데 아무런 고통을 느끼지 않는다면 그 사람이 다른 사람을 대할 때에 어떤 자세를 취할지 상상해 보세요. 칸트는 다른 사람의 감정에 민감하게 반응하는 태도가 도덕성에 미치는 영향을 무시하지 않았던 것입니다.

주의해야 할 것은 모든 인간중심주의가 인간 멋대로 자연을 파괴하라고 주장한 것은 아니라는 점입니다. 무엇이 진정 인간에게 이익이 될 수 있는가를 심사숙고해 볼 때 환경을 파괴하는 행동은 결코 인간에게 도움이 되지 않는다는 주장이 대표적인 예입니다. 본인을 비롯하여 사랑하는 주변 사람들, 자녀, 그리고 미래 세대로 인간의 범위를 확장시켜 본다면 오히려 인간중심주의가 자연 보호에 앞장설 가능성도 있는 것입니다.

인간중심적 사고에서 벗어나자

1) 동물중심주의

우리는 육식문화에 익숙한 한국인입니다. 삼겹살과 불고기는 저녁 메뉴로 심심치 않게 등장합니다. 한 집 걸러 한 집이 있다는 치킨 가게를 보면 한국인이 닭고기 요리를 얼마나 사랑하는지 알 수 있습니다. 학교에서 점심을 먹을 때 고기반찬이 올라와 있지 않다고 생각해 보세요. 괜히 섭섭한 느낌이 들 겁니다. 말이 나온 김에 어느 고등학교의 점심 식단표를 보도록 하지요.

월	화	수	목	금
옥수수밥 감자크림스프 참치야채무침 탄두리훈제오리 백김치 에그 타르트	현미쌀밥 순두부찌개 깨즙수육편채 비트무초절이 파래김구이 배추김치	김치볶음밥 콘샐러드 피쉬앤칩스 갓김치 바나나우유	차조밥 계란국 매운돈등뼈찜 숙주나물무침 해물파전 깍두기	강황쌀밥 콩나물국 감자조림 치즈함박스테이크 배추김치

고기가 포함된 메뉴를 찾아 표시해 볼까요. 참치야채무침, 훈제오리, 수육편채, 피쉬앤칩스, 돈등뼈찜, 치즈함박스테이크. 매일 반찬 한 가지씩 육류나 어류가 등장하고 있군요. 자세히 들여다보면 크림스프, 김치볶음밥, 계란국에도 동물의 흔적이 있습니다. 우리가 모르

는 사이에 들어가는 조미료에도 동물의 살이나 뼈로 만들어진 무언가가 들어가 있을 겁니다.

싱어: 동물 또한 고통을 느낄 수 있는 존재이다

동물중심주의자는 동물을 먹는 것을 완강히 반대합니다. 피터 싱어는 『동물해방』에서 동물이 '고기'라는 이름으로 둔갑하여 어떻게 '제품화'되고 있는지 살펴볼 것을 권합니다. 풀밭에서 햇볕을 쬐며 한가롭게 풀을 뜯고 있는 동물을 상상하면 안 됩니다. 산업 사회에서 농장은 곧 공장입니다. 고기라는 제품을 만드는 비용을 최대한 낮춰 최대의 수익을 올려야 합니다. 이 때문에 동물은 비좁은 공간에서 더러운 오물을 뒤집어쓴 채 지냅니다. 소와 돼지는 빠른 속도로 살이 올라야 하므로 움직임이 제한되고 병에 걸리지 않기 위해 수많은 항생제에 노출됩니다. 닭은 촘촘한 닭장에 갇혀 좋아하는 모래목욕도, 알을 낳기 위한 둥지를 짓지도 못합니다. 더 빨리 자라야 하고 달걀을 더 자주 생산해야 하므로 인공조명 속에서 통제됩니다. 젖소는 인간이 마실 우유를 생산하기 위해 매년 인공수정人工受精되어야 합니다. 태어난 새끼는 얼마 되지 않아 어미 소와 헤어져야 합니다.

> 다른 사람들의 고통을 추정할 수 있는 거의 모든 외적인 몸짓signs이 다른 종에게서도 나타난다. 특히 우리와 가장 가까운 —포유류와 조류— 종에서 이러한 몸짓은 잘 드러나고 있다. 거기에 포함되는

몸짓으로는 몸을 뒤튼다든가 안면이 일그러지는 모습을 들 수 있으며, 이 밖에도 신음 소리를 낸다든가 고함을 지른다든가, 또는 다른 형태의 외침, 고통에서 벗어나려는 시도, 고통이 반복될 것에 대한 두려움 등을 들 수가 있을 것이다. 게다가 우리는 이러한 동물들이 우리와 유사한 신경 체계를 갖고 있음(동물들도 고통을 느낄 상황에서 우리의 신경 체계와 유사한 신경학적인 반응을 일으킨다)을 알고 있다. 즉 동물들 또한 우선 혈압이 오르고, 동공이 팽창하며, 땀을 흘리고, 맥박이 빨리 뛰며, 자극이 계속되면 혈압이 떨어져버리는 신경 체계를 가지고 있는 것이다.

— 피터 싱어, 김성한 역, 『동물해방』, 인간사랑, 1999, 48~49쪽.

싱어는 공리주의자이니 선은 쾌락을 최대화, 고통을 최소화하는 것이고 악은 그 반대라고 봅니다. 따라서 인간 입맛을 충족시키는 사소한 즐거움을 위해 동물의 극단적 고통을 무시하는 것은 합당하지 않습니다. 동물도 감각이 있습니다. 즐거우면 기쁨을 표현할 수 있고 아프면 눈물을 흘릴 수 있습니다. 그는 '이익 평등 고려 원칙'에 의거하여 인간의 이익만을 고려하지 말고 쾌락과 고통을 느낄 수 있는 모든 종의 이익을 평등하게 고려해 보자고 주장합니다. 그는 동물을 먹는 것뿐만 아니라 동물을 고통스럽게 만드는 실험, 모피 및 가죽제품 생산, 사냥, 투우와 같이 동물 간에 붙이는 싸움, 동물이 등장하는 서커스 공연과

동물의 고통을 무시하는 태도에 대해 싱어는 '종차별주의(speciesism)'라고 비판합니다. 인종차별주의와 성차별주의가 잘못된 것처럼, 인간이라는 종의 이익을 옹호하면서 동물이라는 다른 종의 이익을 배척하는 종차별주의 또한 잘못이라는 것입니다.

동물원 운영에 비판을 가합니다.

레건: 동물 또한 자기 삶의 주인이다

동물도 아픔과 즐거움을 느낄 수 있다는 데에서 더 나아가, 동물에게도 권리가 있다고 주장한 레건의 입장을 들어 봅시다. 인간과 마찬가지로 동물 또한 삶을 영위할 수 있는 주체(삶의 주체subject of a life)입니다. 레건은 '삶의 주체'가 "단지 살아 있고 의식을 갖고 있다는 것 이상으로, 믿음·욕구·지각·기억·미래에 대한 의식이 있고, 쾌락과 고통 등의 감정을 느끼고, 자기의 욕구와 목표를 위해 행위할 수 있는 능력"[17]을 지닌다고 표현합니다. 동물로 하여금 자신의 삶을 외부의 방해 없이 스스로 만들어 나갈 수 있도록 해야지, 그들의 삶에 인간의 편의대로 개입해서는 안 된다고 보는 것이지요. 동물 또한 각자의 삶을 누릴 수 있는 주체이므로 그들의 권리를 인정해야 한다고 레건은 주장합니다.

레건과 달리 싱어는 인간과 동물을 완전히 같게 대우해야 한다거나 동등한 권리가 있어야 한다고 주장하지는 않습니다. 또한 여기서 레건이 말하는 '동물'은 엄밀히 말하면 일부 포유동물을 가리킵니다.

동물중심주의에 관한 수업을 하고 나면 여러분은 마음이 몹시 불편한가 봅니다. 어차피 점심시간에 고기가 나올 것이고 맛있게 먹을 예정인데! 왜 이런 주제로 수업을 해서 없어도 되는 죄책감을 만드느

17 J. R. 데자르뎅, 김명식 역, 『환경윤리』, 자작나무, 1999, 198~199쪽에서 수정 인용.

냐고 볼멘소리를 터뜨리기도 합니다. 여러분에게 당장 엄격한 채식 주의자가 되라고 강요하는 것은 아닙니다. 고기를 먹지 말자고 주장하는 동물중심주의자의 논거에 대해서도 한 번쯤 귀 기울여 보자는 의미로 생각해 주세요. 그래도 누군가에게는 육식에 대한 마음의 짐이 계속해서 남아 있을 겁니다. 그들을 위해 실천하기 그리 힘들지 않은, 일주일에 단 하루 채식을 권장하는 '고기 없는 월요일' 운동을 제안해 봅니다.

비틀스의 전 멤버 폴 매카트니가 제안한 운동입니다. 육식을 줄임으로써 얻을 수 있는 환경적 이점을 강조하고 있습니다. 더 자세한 내용은 http://www.meatfreemonday.co.kr/ 주소를 참고하세요.

2) 생명중심주의

어느 농가에서 구제역이나 조류독감이 발생했습니다. 지체하지 않고 '살처분' 명령이 떨어집니다. 반경 몇 km 이내 주변 농가에 있는 동물도 다 함께 생매장당합니다. 구덩이를 파고 동물을 갖다 붓습니다. 구덩이 속은 그야말로 아수라장입니다. 닭과 오리, 소와 돼지는 살기 위해 버둥거리며 처절하게 울어댑니다. 매정하게도 포클레인은 흙으로 구덩이를 덮을 뿐입니다. 이런 적나라한 광경은 과연 생명이란 무엇인가에 대해 숙고하게 만듭니다.

살기 위해 애쓰는 모습은 인간과 척추동물 같이 신경이 있는 존재에게서만 발견할 수 있는 것이 아닙니다. 곤충이나 식물도 마찬가지입니다. 메뚜기나 잠자리를 재빨리 잡았다고 해 봅시다. 다리나 날개를 붙잡고 놓아주지 않을 경우, 어떻게든 빠져나가기 위해 안간힘을 씁니다. 깜빡 잊고 물을 주지 않은 화초가 있다고 칩시다. 바싹 말라 있을 겁니다. 미안한 마음에 정성스레 물을 주고 햇볕도 쬐어 줍니다. 다행히 며칠 뒤에 색이 돌아오고 잎은 고개를 듭니다. 어떻게든 살아 보려고 애쓰는 모습이 고맙고 기특합니다.

슈바이처: 생명에 대한 외경

모든 생명은 고귀한 존재입니다. 생명이 있다면 어느 것 하나 함부로 대할 수 없습니다. 슈바이처는 아프리카에서 의사로 지내며 평소 느낄 수 없었던 온갖 생명체의 고귀함에 대해 체험합니다. 슈바이처는 이 과정에서 '생명에의 외경reverence for life'을 말합니다. 외경(경외)이란 경탄과 두려움을 합한 말입니다. 살아 보려고 애쓰는 존재의 모습이 놀랍고 신비로우며 그 모습에 감탄이 절로 나면서도 다른 한편으로는 두려움도 느끼게 된다는 겁니다.

도덕은 선을 추구합니다. 선악을 나누는 기준은 복잡하고 까다로운 것이 아니라 생명을 어떻게 대하느냐에 따라 정해집니다. 슈바이처에 따르면 선은 생명을 유지·촉진하며 발전할 수 있는 생명을 최고의 가치에까지 끌어올리는 것이고, 악은 생명을 파괴·손상하며 발전할 수 있는 생명을 억압하는 것입니다.[18] 그러므로 도덕적 선은 생

18 슈바이처, 천병희 역, 『나의 생애와 사상』, 문예출판사, 1975, 126~127쪽.

명을 소중하게 여기는 자세인 생명에 대한 배려, 사랑, 책임, 헌신 등과 일치합니다.

> 진실로 윤리적인 인간에게는 모든 생명은 신성하다. 저열하게 보이는 생명도 그에게는 신성하다.
>
> — 슈바이처, 천병희 역, 『나의 생애와 사상』, 179쪽.

슈바이처에게 있어 인간은 생명체를 함부로 파괴할 수 있는 상위의 존재가 아닙니다. 나를 비롯한 인간은 살려고 하는 생명체에 둘러싸인, 살려고 하는 생명일 뿐입니다. 나 또한 생명 공동체의 일원인 것이지요. 생명체들 중에서 무엇이 더 가치 있는지 없는지를 구분하는 것은 너무나 주관적입니다. 심지어 그는 모기도 함부로 탁 때려죽이지 못했고 현미경으로 확대해야 보이는 병원균을 죽이는 데에도 책임의식을 느꼈습니다.

테일러: 생명체에는 저마다 고유한 삶의 목적이 있다

슈바이처의 사상을 발전시킨 테일러의 입장도 들어 봅시다. 테일러는 생명이 있는 존재는 '목적론적 삶의 중심teleological center of life'이기 때문에 가치 있다고 설명합니다. 각 생명체는 자기 나름대로의 목적을 지니고 있습니다. 모든 생명은 살고자 음식을 섭취하고 번식하며,

환경에 적응하고 때로는 환경을 변화시키기도 합니다.[19] 이와 같은 목적을 달성하기 위해 끊임없이 노력합니다. 따라서 생명체는 저마다 고유한 가치를 지닌다는 것입니다.

테일러의 생명 존중의 태도는 네 가지 의무를 도출시킵니다. 목적론적 삶의 중심인 각 생명을 소중히 여기는 태도는 인간이 어떻게 행동해야 하는가에 대한 규범을 낳게 됩니다. 네 가지 규범은 바로 불침해의 의무, 불간섭의 의무, 성실의 의무, 보상적 정의의 의무입니다. 각각의 뜻은 이렇습니다. "생명이 있는 존재에게 해를 입히지 마라, 생명체의 자유를 최대한 보장하고 간섭하려 들지 마라, 특히 야생동물에게 덫을 놓거나 사냥, 낚시함으로써 속임수를 쓰지 마라, 만일 생명체에게 해를 입힌다면 그 피해를 보상하라."[20]

어떤 학생은 동물중심주의자는 채식을 할 수 있다고 쳐도 생명중심주의자는 도대체 무엇을 먹고살아야 하냐고 반문합니다. 좋은 지적입니다. 한 생명이 살기 위해서는 어쩔 수 없이 살생을 저지를 수밖에 없습니다. 이는 인간뿐만 아니라 동물도 마찬가지입니다. 자기 생명을 유지하기 위해 다른 생명을 죽여야 하는 역설적인 상황이네요. 하지만 우리는 다음과 같은 슈바이처의 말을 기억할 필요가 있

19 J. R. 데자르댕, 김명식 역, 『환경윤리』, 234~235쪽 참고.
20 J. R. 데자르댕, 김명식 역, 『환경윤리』, 238~239쪽 참고.

습니다. "불가피한 경우, 예컨대 두 가지 생명 가운데 한 생명을 살리기 위하여 다른 생명을 희생하지 않을 수 없는 경우를 제외하고는 생명 사이에 차이를 두지 않는다. 다른 생명을 희생하는 경우에도 그는 자기가 주관적으로, 임의로 행동하고 있으며, 희생된 생명에 대해 책임을 져야 한다는 것을 의식하고 있다."[21] 생명을 존중하는 마음을 지닌 사람은 생명이 있는 존재를 함부로 다루지 않는 책임의식을 지닐 것입니다. 어쩔 수 없이 생명체를 죽여야 하는 상황이라면 그 희생을 최소한의 수로 제한하고, 단지 꽃이 예쁘게 피었다는 이유로 함부로 꺾지 않으며, 바닥에 줄지어 가고 있는 개미를 무심코 밟지 않는다는 것입니다. 이처럼 생명중심주의는 생명에 대한 책임의식과 생명을 소중하게 여기는 우리의 행동과 실천을 요구합니다.

3) 생태중심주의

파리는 개구리에게 먹힙니다. 개구리는 뱀에게 먹히죠. 그리고 뱀은 다른 동물의 밥이 됩니다. 그 동물은 또 다른 육식동물의 먹이가 되겠지요. 그 육식동물이 죽으면 흙으로 돌아갑니다. 그 속에서 파리는 알을 낳습니다. 생태계는 끊임없이 순환합니다. 그런데 한때 황소개구리 때문에 이 생태계의 순환에 교란이 온 적이 있습니다. 이 황

21 슈바이처, 천병희 역, 『나의 생애와 사상』, 179쪽.

소개구리가 뱀을 잡아먹었거든요. 뱀을 다 해치우니 뱀을 먹어야 할 다른 동물이 쫄쫄 굶게 생겼습니다. 지금까지의 생태 균형이 무너지게 되는 겁니다. 그렇다고 생태계에 변화를 일으킨 책임은 황소개구리에게만 있지 않습니다. 고의든 그렇지 않든 인간에 의해 외래종이 유입되는 경우가 흔하기 때문입니다.

생태중심주의자는 앞에 소개된 동물 및 생명중심주의가 생태계를 지키는 데 불완전한 이론이라고 봅니다. 물론 동물과 식물을 포함하여 생명을 지닌 모든 존재 개개의 생명도 중요합니다. 그러나 이 생명체와 영향을 주고받는 흙, 물, 공기 등의 중요성도 간과해서는 안 됩니다. 또한 이 모든 것을 포괄하고 있는 생태계 전체가 조화와 균형을 이루고 있는지에 대해서도 관심을 가져야 합니다. 생태중심주의는 개체에 주목하기보다는 우리를 둘러싸고 있는 환경 전체를 조망할 수 있는 시선의 변화를 요구합니다.

레오폴드:
대지는 단지 경제적 가치로 환원할 수 없는 윤리적 가치를 지닌다

레오폴드는 대지윤리를 내세우며 땅에도 윤리적 가치를 부여합니다. 지금까지 대지는 돈에 눈먼 인간의 허영을 충족시키는 경제적 도구였습니다. 그러나 대지는 인간의 단견과 이기심에 의해 좌우되기에는 너무나 복잡합니다. 흙 안에는 눈에 보이지 않지만 많은 유기물과 무기물이 있습니다. 식물을 싹 틔울 수 있는 자양분으로 가득 차

있는 곳이고 인간과 동물을 지탱할 수 있는 공간이기도 합니다. 동식물은 죽으면 다시 땅으로 돌아갑니다. 대지는 "흙, 식물, 그리고 동물이라는 순환을 통해 흘러가는 에너지의 원천"[22]입니다. 따라서 레오폴드는 "생태계 전체의 통합성, 안정성, 그리고 아름다움을 보존하는 방향이라면 그것은 옳다. 다른 방향이라면 잘못된 일이다"[23]라고 선언합니다. 주목해야 할 부분은 대지를 비롯한 모든 것이 서로 의존하면서도 조화를 이루고 있는 생태계를 하나의 생명 공동체로 여기고 있다는 점입니다.

> 인간과 대지의 관계는 돈이 얼마나 투자되었나보다는 거기 쏟은 시간과 정성, 배려, 믿음 등에 좌우된다.
>
> — 알도 레오폴드, 윤여창·이상원 역, 『모래땅의 사계』, 270쪽.

생태중심주의는 생명 공동체의 온전함을 위해 개체를 희생시키는 것에 동의할까요? 레건은 '환경(생태)파시즘'이라는 용어를 사용하여 생태중심주의의 입장을 공격합니다. 환경 보호나 생태계 전체를 위한다는 명목으로 해가 되는 몇몇 개체를 죽이는 것을 용인한다면 파시즘과 다를 바 없다는 것입니다.

22 알도 레오폴드, 윤여창 · 이상원 역, 『모래땅의 사계』, 푸른숲, 1999, 260쪽.
23 알도 레오폴드, 윤여창 · 이상원 역, 『모래땅의 사계』, 270쪽.

까다롭지만 우리에게 많은 생각거리를 던져 준 '환경을 바라보는 네 가지 관점'에 대해 공부하느라 고생 많았습니다. 앞에서 인간중심주의, 동물중심주의, 생명중심주의, 생태중심주의의 의미와 특징에 대해서 살펴보았지요. 여러분이 가장 지지할 수 있을 만한 관점을 선택해 보았나요? 아니면 이렇게 네 가지 틀로 구별하는 입장을 넘어서 더 나은 대안을 제시할 수 있는 데까지 나아갔나요?

환경윤리의 여러 이론들은 기존 통념에 문제를 제기한 후 행동의 변화를 요구합니다. 그런데 나 하나가 무엇을 바꿀 수 있을까 슬며시 고민이 되기도 합니다. 공공장소에 있는 화장지를 지나치게 많이 쓰지 않고, 종이컵보다 개인 컵을 이용하고, 생명을 함부로 대하지 않는 등 나서서 아무리 열심히 해도… 다른 사람은 그다지 관심이 없는 것 같습니다. 그렇지만 나 하나의 힘은 결코 작지 않을 것입니다. 나로 인해 소소한 울림이 일어날 수 있다면, 운 좋게도 환경을 살리는 데 작은 기여라도 할 수 있다면 변화가 시작될 것이라고 믿습니다.

생각해 볼 문제

1. 이 글의 저자인 싱어는 동물중심주의적 입장을 표명합니다. 이러한 입장에 대해 인간중심주의, 생명중심주의, 생태중심주의는 각기 어떠한 견해를 제시할지 예상해 봅시다.

> 채식주의를 선택함으로써 음식과 식물, 그리고 자연 사이에 새로운 관계가 형성된다. 우리의 식사는 살코기로 인해 오염된다. 불쾌하게 들릴지 모르지만 저녁 식사의 중앙부를 장식하는 음식은 도축장의 피가 뚝뚝 떨어지는 동물 시체이다. 그것은 제대로 위생처리되지 않고 냉동되지도 않은 채 이내 썩어서 악취를 풍긴다. 그런 고기를 먹을 경우 그것은 우리의 위장에 대량으로 남아 있으면서 소화 과정을 방해하며, 우리가 배설해내려고 애쓰게 될 때까지 계속 몸 안에 남아 있게 된다. 반면 식물 음식은 이와는 전혀 다르다. 우리는 음식이 될 준비가 되어 있는, 그리고 채집할 때 아무런 저항도 하지 않는 땅으로부터 온 음식을 먹게 되는 것이다. 우리는 고기로 인해 미각이 무뎌지는 대신 땅으로부터 곧장 가져온 신선한 채소를 통해 매우 큰 기쁨을 누리게 된다.
>
> — 피터 싱어, 김성한 역, 『동물해방』, 305~306쪽.

2. 다음 글을 읽고 플라스틱 사용을 줄일 수 있는 방안에 대해 생각해 봅시다.

지난 2월, 스페인 해변에서 길이 10m의 향유고래 시체가 발견됐다. 이후 부검을 위해 배를 가른 결과 각종 플라스틱 및 해양쓰레기 29kg이 발견돼 큰 충격을 주었다. 사인은 쓰레기로 인한 복막염. 이보다 앞선 2010년에도 폐비닐, 테이프, 폐플라스틱 등으로 뱃속을 가득 채운 회색고래의 시체가 발견되어 플라스틱의 해양생태계 파괴 문제점이 고래의 시체와 함께 수면 위로 올랐다.

크리스 조던 감독의 다큐멘터리 영화 〈알바트로스〉에서도 심각성이 드러난다. 인간이 버린 쓰레기를 먹이로 착각하고, 아기새에게 플라스틱을 먹이는 장면은 우리에게 시사하는 의미가 적지 않다. 수 천 마리의 알바트로스가 소화를 할 수 없는 플라스틱을 몸 안에 지닌 채 비행을 하지 못해 굶어 죽어간다. 인간의 이기심으로 인해 알바트로스를 죽음으로 내몰았다.

또한, 호주 연방과학산업연구기구 연구팀은 자국 해변에서 발견된 1천여 마리의 바다거북이 사체 중 절반이 넘는 52%의 거북이 내장에서 수백 조각의 플라스틱 쓰레기를 발견했다고 밝혔다. 이어 '한 조각'의 플라스틱도 거북이를 사망케 할 수 있는 것으로 조사됐다.

인류의 편의를 위해 태어난 플라스틱이 생태계는 물론 전 인류를 위협하고 있다. 해양 곳곳에는 비닐과 플라스틱이 뒤덮여 있으며, 그 양은 상상을 초월한다.

바다에 버려지는 플라스틱은 파도와 자외선에 의해 분해되면서 '마이크로비즈'라 불리는 크기 5mm 이하인 '미세 플라스틱'으로 변하게 된다. 이러한 '미세 플라스틱'은 세안제, 스크럽제, 치약 같은 생활용품에도 포함이 되는데 물에 녹거나 으깨지지 않아 인체에 그대로 흡수되거나 하수처리장에서 걸러지지 않아 바다로 유입되기도 한다.
한 환경단체의 조사에 따르면 태평양 일부 쓰레기 지역을 조사한 결과 플라스틱이 플랑크톤보다 약 180배가량 많다는 결과가 나왔다. 그리고 그 수거된 플라스틱의 84%에 한 가지 이상의 독성물질을 지니고 있는 것으로 밝혀졌다. 결국 바다의 모든 생물들이 '미세 플라스틱'을 먹으며, 체내 축적량 역시 바다의 먹이사슬 관계에 따라 상위 포식자인 인간이 월등히 높을 수밖에 없다.
'미세 플라스틱'이 체내에 축적이 되면 중금속과 결합을 하여 악영향을 끼칠 수 있는데 한 연구에 따르면 '미세 플라스틱'에 노출된 해양 생물이 호르몬 이상이나 생식 질환 증세를 보였다고 한다. 또한 아이들의 발달장애와 뇌신경질환, ADHD, 자폐, 호흡기질환, 심장질환 등과 깊은 관련이 있다는 연구 결과도 나왔다. 결국 인간이 버린 플라스틱이 우리의 식탁으로 돌아와 건강을 위협하고 있는 것이다.

— 세계는 지금 Good-bye 플라스틱, 《시사매거진》, 2018. 10. 4.

13장 예술과 윤리

음악 시간이 되면 신이 나는 친구들이 있습니다. 대개는 음악을 좋아하고 노래를 잘 하는 친구들입니다. 실기 평가라도 하는 날이면 잘 하는 친구는 어깨를 으쓱하지만 잘 못하는 친구는 기가 죽습니다. 타고난 재능 덕에 별 노력 없이도 음악성을 뽐내는 친구가 있는가 하면 아무리 노력해도 음치의 수준을 벗어나지 못하는 친구도 있습니다. 그럼 미술 시간은 어떤가요? 도화지에 그림을 그리라는 과제를 받고서 능숙한 솜씨로 스윽 슥 그림을 그리는 친구들을 보면 부럽기 그지없습니다. 열심히 노력하면 어느 정도 성취를 이룰 수 있는 다른 과목에 비해 음악이나 미술 같은 예능 과목은 타고난 재능의 비중이 더 크게 작용하는 영역인 것 같습니다. 그렇다면 예술적 재능을 타고나지 못한 사람에게 예능 시간은 불공평한 시간, 재미없는 시간일 수밖에 없는 것일까요?

물론 그럴 리는 없습니다. 예술은 어떤 실용적 목적을 달성하기 위한 기능을 추구하는 영역이 아닙니다. 따라서 예술에서는 그러한 기능을 얼마나 잘 익혔는지가 핵심이 아닙니다. 예능 과목의 평가 방식이 다른 과목들과 다른 것도 이런 이유 때문일 것입니다.

> "손재주는 예술의 요소가 아니다. 그것은 단지 예술의 재료적인, 외적인 조건일 따름이다."[24]
>
> — 마리탱(J. Maritain)

그럼 예능 과목이 추구하는 바는 무엇일까요? 그것은 바로 아름다움을 느낄 줄 알고 또 누릴 줄 아는 능력을 키움으로써 우리의 삶을 더욱 풍요롭게 하는 데 있는 것이 아닐까요? 이처럼 어떤 실용적 목적을 추구하지 않고 그 자체로 가치 있는 것을 추구한다는 점에서 예술은 도덕과 어느 정도 통하는 데가 있는 것 같습니다. 지금부터는 이렇게 '같으면서도 다른' 예술과 도덕의 관계에 대해 좀 더 깊이 있게 알아보기로 하지요.

도덕주의와 심미주의 사이의 논쟁

확실히 음악이나 미술 과목은 다른 과목과 구별되는 측면이 있는 것 같습니다. 다른 과목들이 주로 암기력이나 추리력 같은 인간의 지

24 조요한, 『예술철학』, 경문사, 1985, 90쪽에서 재인용.

성 능력과 관련되는 데 반해, 음악이나 미술은 주로 아름다움을 느끼고 향유할 줄 아는 인간의 감성 능력과 관련된다는 면에서 그렇습니다. 가슴을 뭉클하게 하는 음악을 들을 때, 강렬한 인상을 던져 주는 그림을 접할 때 우리는 머리로 생각하기보다는 먼저 가슴으로 느낍니다. 그래서 음악과 미술 시간은 지적 사고에 지친 우리의 심신을 해방시키고 편안하게 해 주는 자유의 시간이기도 합니다.

그렇다면 도덕(윤리) 시간은 어떤가요? 음악과 미술이 자유의 시간이라면 도덕은 구속의 시간인가요? 예의와 규범을 중시하는 도덕은 얼핏 보기에 자유분방하게 아름다움을 추구하는 예술과는 상반된 측면이 있어 보입니다. 물론 예술과 도덕은 어떤 실용적 목적을 추구하기보다 그것 자체가 목적인 가치(전자는 미의 가치, 후자는 선의 가치)를 추구한다는 점에서 공통점을 지닙니다. 하지만 동시에 양자 사이의 관계는 자주 논쟁의 대상이 되기도 했습니다. 그중에서도 "모든 예술은 도덕적 판단에 따라야 하며 미적인 것도 도덕적 선의 일부"라는 절대적 도덕주의와 "예술과 도덕적 판단은 아무런 관련이 없다"는 순수 예술주의(예술 지상주의) 사이의 논쟁이 대표적입니다.

절대적 도덕주의에 따르면 예술의 존재 이유는 바른 행동과 덕성을 표현하고 장려하는 데 있습니다. 따라서 예술적 미와 도덕적 선은 깊이 관련되어 있고 서로 영향을 미칩니다. 반면 순수 예술주의는 '예술을 위한 예술'을 내세우며 "예술의 목적은 미의 추구일 뿐 도덕적 선과는 무관하다"고 주장합니다. 이 입장에 따르면 도덕적 기준으로 예술을 판단하는 것은 잘못입니다. 그것은 미적 가치를 손상시킬 뿐입니다. 따라서 도덕적 동기를 지닌 작품은 참된 예술이 아닙니다. 예술작품에 대한 평가는 오직 구성의 성격이나 예술미의 구현 정도에 따라 내려져야 합니다. 수학적 증명을 하는 데 도덕의 기준을 적용할 수 없듯이 예술작품을 평가하는 데 도덕이 개입해서는 안 된다는 것입니다.

그러나 "예술은 근본적으로 도덕의 표현"이라든가 "예술은 절대로 도덕과 관련될 수 없다"는 양극단의 주장은 모두 지나친 데가 있어 보입니다. 순수 예술을 외치는 심미주의審美主義는 한편으로 예술이 지닌 고유한 가치를 강조하는 것으로 보이지만, 다른 한편으로는 순수성을 빌미로 사회적 책임을 회피하는 것으로 보일 수 있습니다. 반면, 예술에 대한 도덕주의는 한편으로 예술이 지닌 생활과의 넓고 깊은 연관성과 예술이 가져다주는 값진 인생 경험을 강조하는 입장으로 보이지만, 다른 한편으로는 예술에 대한 너무 엄격한 도덕적 해석, 즉 무미건조하고 편협한 해석으로 기울어질 수 있습니다. 물론 예술의 본질을 도덕의 잣대로 재단하거나 폄하하는 것은 예술의 창조성을 저해하는 어리석은 일일 것입니다. 그러나 '순수'의 이름으로 극단적이고 퇴폐적이거나 우리의 정서적 안정과 평화를 해치는 예술 활동 또한 정당화될 수는 없습니다.

"예술가는 예술 이전에 인간이다. 참된 예술가이기 위하여 인간이어야 한다. 위대한 인격 없이 위대한 예술이란 없다."

— 조요한, 『예술철학』 90쪽.

예술적 경험의 본질

예술과 도덕의 관계를 더욱 심층적으로 이해하기 위해서는 예술적 경험의 본질을 이해할 필요가 있습니다. 흔히 예술적 경험이란 지성이 아닌 감성에 의한 경험이라고 말합니다. 다시 말해서 우리가 대상을 지성적으로 인식하는 것이 아니라 감성적으로 느낄 때의 경험을 가리킵니다. 가장 유명한 예술적 경험에 대한 이론은 무관심성disinterestedness이라는 개념에서 찾아볼 수 있습니다. 이 이론에 의하면 우리가 어떤 대상을 '아무런 이해타산 없이' 대할 때 그 대상은 예술적으로 경험됩니다. 우리는 일상생활에서 늘 어떤 욕구, 목적, 혹은 관심사에 사로잡혀 지내는 경우가 많습니다. 따라서 어떤 대상을 대할 때에도 이러한 욕구나 목적을 충족시키는 수단이나 도구로서 보게 됩니다. 말하자면 어떤 특정한 관점에서 대상을 바라보게 됩니다. 이때 대상에 대한 우리의 경험은 단편적이고 일면적인 것이 되기 쉽습니다. 이에 반해 예술적 경험은 대상을 특정한 욕구나 목적에 오염된 눈으로 바라보는 것이 아니라 그러한 집착에서 벗어나 '있는 그대로' 바라볼 때 느껴지는 경험입니다. 이때 대상에 대한 우리의 경험은 더욱 풍부하고 구체적이고 생생한 것이 됩니다. 그것은 대상과의 충실한 만남의 경험입니다.

> "어떤 대상을 지성이 아니라 감성에 의해서 아무런 이해타산 없이 경험할 때 그 대상은 예술적으로 경험된다."
>
> — 칸트

예를 들어 누군가 보름달을 바라본다고 할 때, 이 보름달은 보는 사람에 따라서 또는 그의 관심사에 따라서 다르게 보일 수 있습니다. 보름달은 천문학자에게는 그의 천문학 이론의 한 증거로 보일 것이고, 우주비행사에게는 언젠가 착륙해서 탐험해야 할 장소로 보일 것이며, 밤길을 걷는 농부에게는 가는 길을 밝혀 주는 고마운 등불처럼 여겨질 것입니다. 그러나 어떤 사람은 혹은 어떤 때에는 달의 빛이나 모습 자체에 관심이 끌리는 경우가 있을 것입니다. 이때 그 사람에게 보름달은 어떤 실용적인 대상이나 수단으로서가 아니라 그냥 그 대상 자체로만 나타난 것입니다. 보름달은 시인에게 아름다운 것, 매혹적인 것, 혹은 신비로운 것으로 보일 때가 있습니다. 그리고 누구나 정도의 차이는 있을지라도 순간적이나마 시인이 될 수 있습니다. 이와 같은 시인의 경험은 무관심성의 경험이라고 말할 수 있습니다. 이러한 무관심성의 경험이 바로 예술적 경험의 본질을 이룹니다.

예술적 경험을 통해 우리는 대상을 일상적·실용적·과학적 차원

에서가 아니라 비일상적·비실용적·비과학적 차원에서 만나고, 그 전에는 맛볼 수 없었던 새로운 느낌, 충만감, 생명감을 경험합니다. 이를 통해 독특한 즐거움과 기쁨을 맛봅니다. 왜 예술적 경험은 즐거움과 기쁨을 동반하는 것일까요?

이성과 언어를 가진 유일한 동물로서 인간은 다른 동물과 달리 자연과 어떤 면에서 대립하여 살아가는 문화적 동물입니다. 이와 같은 문화적 존재로서 인간은 물질적으로는 매우 편리한 삶을 살 수 있게 되었지만, 그 대신 값비싼 대가를 치러야 했습니다. 그것은 바로 자연과 우주 전체로부터의 '소외'입니다. 인간이 아무리 이 우주 안의 다른 사물들과 차별화된 존재라 해도 그 역시 이 우주의 한 부분에 불과합니다. 그래서 자연과 우주와 하나가 되어야만 비로소 원래의 모습을 찾을 수 있는 것입니다. 아무리 그가 자연과 동떨어진 문화생활을 한다 해도, 아니 그러면 그럴수록 더 자연으로 돌아가 자연과 일치해서 조화를 이루고 싶은 욕망을 갖게 됩니다. 예술을 통해서 느낄 수 있는 질서는 자연과 조화를 이루고자 하는 동물로서의 인간이 이성으로서의 인간에 앞서 느끼는 질서입니다. 따라서 예술적 경험은 전全 인간으로서의 충족감과 즐거움을 동반하게 되는 것입니다. 분명히 인간은 한편으로 이성적 존재로서 자연과 논리적 관계를 맺고 있고, 실천적 존재로서 자연과 실용적 관계를 맺고 있습니다. 그러나 다른 한편으로 인간은 하나의 살아 있는 생명체로서 이성이나 목적을 통해 분리될 수 없는 전체로서의 자연과 '살아 있는 관계'를 맺을 수 있습니다. 예술적 경험은 다름 아니라 인간이 자연과 살아 있는 관계를 맺는 데에서 생기는 경험입니다. 이는 곧 인간이 '자연과 화해'하는 순간이기도 합니다.

예술은 도덕 실현의 도우미!

예술과 도덕의 관계에서 또 한 가지 중요한 사실은 예술이 우리 삶에서 도덕을 실현하는 데 크게 기여할 수 있다는 점입니다. 예술과 도덕을 연결하는 것은 예술적 상상과 도덕적 공감의 만남입니다. 도덕의 큰 비밀은 사랑인데, 이 사랑은 우리로 하여금 타인과의 공감을 통해 자기만의 좁은 세계에서 벗어날 수 있도록 해 줍니다. 상상이야말로 이것을 이루는 방법입니다. 예술은 우리의 감수성을 예민하게 하고 그 폭과 깊이를 더해 줌으로써 상상력을 강화합니다.

> "선해지려는 사람은 상상력을 발휘하여 다른 많은 사람의 입장에 서도록 해야 한다. 그리하여 인류의 고통과 즐거움이 자기 자신의 것이 되어야 한다."[25]
>
> — 셸리(P. B. Shelly)

25 멜빈 레이더 · 버트람 제섭, 김광명 역,『예술과 인간가치』, 이론과실천, 1987, 305쪽에서 재인용.

경직된 마음은 일종의 도덕적 마비 상태이며 정신적 질병과도 같습니다. 비인간적 세계에서는 모든 사람이 자기 자신 속에 갇혀 도덕적으로 고립되고 마치 기계처럼 무감각해집니다. 사실 모든 인간은 남의 즐거움이나 고통을 결코 직접적으로 체험할 수 없습니다. 이런 의미에서 인간은 타고난 자기중심적 존재라 할 수 있습니다. 인간은 이렇게 자기중심적인 존재일 뿐만 아니라 또한 집단중심적인 존재여서 인종·국가·계급·종교 등의 집단적 편견에 사로잡히기 쉽습니다. 그리하여 이러한 경직된 마음과 자기 나름의 정의감은 때로 악마적 잔인성을 드러내기도 합니다. 인종 청소라든가 종교 전쟁 등의 예에서 이를 볼 수 있습니다.

우리는 상상력을 발휘함으로써 자기중심성과 집단의 편견에서 벗어날 수 있습니다. 예술적 경험을 통해 우리는 다른 사람이나 사물과 진정으로 만나고, 죽어 있는 추상물이 아니라 살아 있는 존재의 감정을 느낄 수 있습니다. 이처럼 예술은 멀리 떨어진 우리가 잘 모르는 사람이나 사물에까지 상상의 조명등을 비춤으로써 마치 그들이 우리 가까이에 있는 것처럼 똑똑히 비교하고 느끼게 해 줍니다. 상상력과 감정의 도움 없이 차가운 이성은 우리의 양심을 자극하기 어렵습니다. 따라서 과학보다는 예술이 우리의 공감을 불러일으키고 우리의 도덕적 맹점을 제거하는 위대한 문화적 수단이 될 수 있습니다.

예술이냐 외설이냐

예술과 도덕 사이의 관계에 대한 논쟁을 가장 잘 보여 주는 사례는 이른바 "예술이냐 외설이냐"라는 논쟁에서 찾아볼 수 있습니다. 문제의 핵심을 드러내기 위하여 '누드화'의 예를 들어 보겠습니다. 누드화는 그것이 예술이냐 외설이냐를 두고 늘 논란의 대상이 되어 왔습니다. 앞서 우리는 예술적 경험이란 대상을 '무관심한disinterested'(무심한) 상태에서 바라볼 때의 경험이라고 말한 바 있습니다. 다시 말해서 어떤 특정한 욕구나 관심에 사로잡힌 가운데 대상과 만나는 것이 아니라 그러한 집착이나 관심에서 벗어나 있는 그대로의 대상과 만나는 경험이라는 것입니다. 이때 우리는 대상에 대한 단편적이고 일면적인 이해에서 벗어나 한층 풍부하고 충실한 경험을 하게 된다고 했습니다.

그렇다면 외설이란 대상을 오로지 성적 욕구의 관점에서 묘사하거나 그러한 욕구를 만족시키려는 목적에서 만들어진 작품에 뒤따르는 평가라고 볼 수 있습니다. 반면에 예술이란 특정한 욕구나 일상적 관심사에 사로잡힌 우리의 구태의연한 관점으로는 볼 수 없는 어떤 측면을 보여 주는 작업입니다. 즉 대상의 생생하고 살아 있는 측면을 드러내 보여 주는 창조적 작업이라 말할 수 있습니다. 외설이 주로 인간의 본능적 욕구를 만족시킴으로써 쾌감을 얻는 통속적인 의도를 지닌 것이라면, 예술은 그러한 말초적 쾌락을 얻는 차원을 넘어 대상

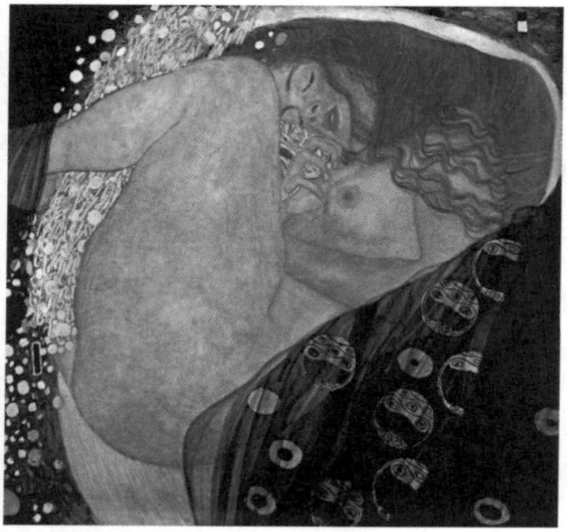

클림트(Gustav Klimt)의
〈다나에(Danae)〉

에 대한 우리의 이해를 한층 새롭고 풍부하게 해 주고, 이를 통해 우리가 인간과 세계를 더 깊이 이해할 수 있게 해 주는 활동이라 할 수 있습니다.

하물며 그 대상이 인간, 즉 인격체라면 더 말할 나위가 없습니다. 인간은 단지 수단으로 취급되어서는 안 되는 목적 그 자체이므로, 예술 활동에서도 인간은 결코 어떤 특정한 욕망을 만족시키는 수단으로만 묘사되어서는 안 됩니다. 그 경우 그러한 활동이나 작품은 예술이 아니라 외설이 됩니다. 예술은 인간이 지닌 자연스러운 욕망이나 쾌락을 부정하지 않지만 단지 그것만을 추구하는 데 그치지 않으며, 여기서 한 걸음 더 나아가 인간이 지닌 아름다움을 드러내고 삶의 의미를 찾게 해 주는 활동입니다. 여기에 예술의 참된 가치가 있습니다.

이번 장에서는 도덕과 예술의 관계를 선과 미의 가치에 관한 도덕주의와 심미주의 사이의 논쟁을 통해 살펴보았고, 예술적 경험의 본질을 '무관심성'이라는 개념을 통해 해명해 보았으며, 예술이 어떻게 도덕을 실현하는 도우미가 될 수 있는지, 그리고 예술과 외설이 구분되는 기준은 무엇인지도 알아보았습니다. 이러한 논의를 통해 우리는 미와 선의 가치는 궁극적으로 통하며, 이 둘은 모두 우리 삶을 의미 있고 풍요롭게 하는 것임을 알 수 있었습니다.

생각해 볼 문제

1. 다음 글은 비도덕적인 예술작품을 긍정적으로 평가하고 있습니다. 그 이유는 무엇일까요? 여러분은 이러한 주장에 동의할 수 있나요?

> 도덕주의자들의 주장은 틀렸다. 비도덕적인 작품들은 그것이 우리의 이해를 깊게 해주는 경우에 그것 때문에 더 나쁜 작품이 되기보다는 더 좋은 작품이 될 수 있다. 가장 위대한 예술작품들 중 일부는 단지 악을 다루는 정도가 아니라 도덕적으로 문제 있는 생각, 태도, 반응들을 유발하여 충격을 준다. 이는 우연이 아니다. 사실 훌륭한 예술이 충격적인 것은 당연한 일이다. 왜냐하면 우리는 그 작품이 아니었다면 알 수 없었을 우리 자신에 대한 무언가를 그 작품을 통해서 깨닫게 되기 때문이다.
>
> ― 매튜 키이란, 이해완 역, 『예술과 그 가치』, 북코리아, 2010, 238~239쪽.

2. 다음 글을 읽고 '순수 예술주의' 혹은 '미학주의'가 오늘날 어떤 문제를 낳을 수 있는지에 대해 토론해 봅시다.

2015년 한국문학의 열쇳말이 표절과 문학권력이었다면 올해의 그것은 성폭력이었다. 김현 시인이 '질문 있습니다'란 글에서 문단 성폭력 실태를 까발린 뒤, 10월 중순부터는 남성 시인들이 여성 독자나 문학 지망생들을 상대로 저지른 성폭력에 대한 고발이 잇따랐다. 무려 10명이 넘는 시인·소설가의 이름이 오르내리며 '문단 내 성폭력'이라는 해시태그 운동으로까지 번진 이 사태의 의미와 파장을, 〈문학동네〉와 〈21세기문학〉 두 잡지 겨울호가 마련한 좌담을 통해 곱씹어 보자.

"이 폭로들을 따라 읽으면서 저는 일주일 만에 문학관이 다 바뀌어 버렸어요."

〈21세기문학〉 좌담에서 젊은 문학평론가 장은정은 이렇게 말했다. "이러한 방식의 문학관이 약자를 착취하고 강자의 폭력을 정당화하는 데 얼마나 효과적으로 기능할 수 있는가를 소름끼치게 인정하지 않을 수 없더라"고 그는 덧붙였다. 여기서 그가 문제 삼는 것은 작품과 현실의 분리를 주장하며 예술의 자율성을 강조하는 '자율주의' 또는 '미학주의' 문학관이다. 같은 좌담에 참석한 시인 정한아도 "미학적 분리주의가 … 반윤리성과 연결된다"고 주장했다. 성폭력과 관련해 거명된 이들이 대체로 미학주의 계열이라는 사실을 지적한 것. 〈문학동네〉 좌담에서 소설가 정세랑은 문제가 된 이들의 시집 절판과 성폭력 방지 작가 서약 같은 조처의 필요성을 강조했다.

이에 대해 〈문학동네〉 편집위원인 평론가 강지희와 문강형준은 유보적 태도를 보였다. 문강형준은 "60년대 말 이후로 비평계에서는 작가와 작품을 분리시킨다"고 말했고, 강지희도 "우리가 지켜온 최소한의 예술적 자율성"이라는 말로 시집 절판이나 원고 청탁 배제 등의 조처에 반대한다는 뜻을 분명히 했다. "시작은 진보적이지만 결론은 보수적이 되는 아이러니"라는 문강형준의 말은, 비록 옳은 취지라고는 해도 그 수단이 예술의 자율성을 해치는 방식이어서는 곤란하다는 뜻으로 읽혔다.

〈21세기문학〉 좌담 참석자들 사이에서는 그런 의견 대립이 보이지 않았다. 평론가 고봉준은 "아방가르드나 초현실주의의 핵심은 삶을 바꾸는 것, 그 과정으로서의 예술"이라며 "그것을 문학의 자율성을 옹호하는 논리로 전유專有하면서, 마치 예술이 세상과 완전히 분리돼 있는 것처럼 오해하고 있다"는 말로 장은정과 정한아의 생각에 동조했다.

— '문단 성폭력'을 넘어서, 《한겨레》, 2016. 12. 15.

14장 의식주 생활과 윤리

의복문화와 윤리

여러분은 때로 교복이 답답하게 느껴지지 않나요? 갑자기 무더워진 여름날, 땀이 줄줄 흐를 때는 교복이 너무 거추장스럽게 느껴집니다. 반대로 갑자기 한파가 닥친 겨울날에는 추위를 못 막아 주는 교복이 원망스럽게 느껴집니다. 좀 편하고 따뜻하게 입고 다니면 안 되나. 그런데 이게 웬일입니까? 이 추운 날 다리를 훤히 내놓고 다니는 여학생들도 있네요. 아, 많은 학생들이 그런 걸 보면 아마도 유행인 것 같습니다. 추위에 덜덜 떠는 불편함보다는 유행을 따르는 것, 아니 멋 내는 편을 선택했군요. 이런 사례를 보면 옷은 '제2의 피부'로서 "습도와 온도, 햇볕과 바람으로부터 자기 몸을 보호하는 기능을 한다"라는 의복의 기본 정의도 무색해지는 것 같습니다. 사실 옷은 '신체의 보호'라는 생물학적인 목적 이외에 인간이 자기를 아름답게 보이게 하기 위하여, 체면을 차리기 위하여, 신분을 과시하기 위하여 입기도 합니다.

의복과 인간의 정체성

잘 알다시피 인간만이 옷을 입습니다. 다른 동물들은 단단한 피부와 털을 지니고 있어서 추위나 더위, 벌레 물림, 외부 충격 등으로부터 자기 몸을 지킬 수 있습니다. 하지만 인간은 이러한 보호 장치가 부실한 탓에 이를 보완하기 위해 옷을 입게 된 것입니다. 점차 인간의 문화가 발전하면서 옷은 이러한 실용적 목적에서 한 걸음 더 나아가 자기를 돋보이게 만들고 자신만의 개성과 멋을 표현하는 수단으로도 기능하게 되었습니다. 그래서 옷은 겉으로 볼 수 없는 인간의 내면세계를 보여 주고 그 사람의 인품을 드러내기도 합니다.

아이는 아이답게, 어른은 어른답게, 군인은 군인답게, 성직자는 성직자답게 옷을 입습니다. 이처럼 사람은 사회생활 속에서 자기 분수에 맞게, 즉 자기의 정체성에 걸맞게 옷을 입습니다. 옷이 그 사람의 정체성과 연결되어 있다는 것은 공직에 있는 사람이 "옷을 벗는다"는 표현에서 잘 드러납니다. 군인이 군복을, 법관이 법복을, 승려가 승복을 벗는다는 것은 그 직과 지위를 상실한다는 것을 의미합니다. 사람은 자기의 본분에 어울리게 옷을 입어야 사람다운 품위를 지킬 수 있습니다. 학생도 학생답게 옷을 입어야 하는 것은 물론입니다.

옷은 개인의 정체성을 드러내는 데 그치지 않습니다. 어느 시대, 어느 장소에 사는 사람들이 어떤 옷을 즐겨 입느냐 하는 것은 그 집단의 문화를 알 수 있게 해 주는 중요한 요소입니다. 문화민족은 각기 그들만의 고유한 전통의상을 입습니다. 전통의상에는 그 민족 조상

엘리자베스 키스(Elizabeth Keith)의
〈두 명의 한국 아이들〉
국립민속박물관 소장

들의 슬기와 정신이 배어 있어서 우리는 그 민족의 전통의상을 보고 그 민족의 문화 수준을 짐작하기도 합니다. 따라서 민족의 전통의상이 보존되고 전시되어 있는 민속박물관은 그 나라 사람에게는 자기 민족문화에 대한 자부심과 긍지를 교육하는 장소이며, 외국인에게는 그 민족의 정체성을 밝혀 주는 장소이기도 합니다.[26]

의복문화가 그 민족문화의 정체성, 아니 주체성과 관련된다는 측

26 진교훈, 『윤리, 사람다움의 길을 찾아서』, 가람문화사, 2016, 124쪽 참조.

면에서 오늘날 우리가 반성할 점도 없지 않습니다. 근대 서양문명이 세계를 지배하게 되면서 우리도 서양식 생활 방식을 따라가게 되었습니다. 이제 우리는 서양식 복장으로 일하고 생활합니다. 그런데 이러한 복식은 수천 년 동안 서양에서 개발되어 온 것입니다. 그것은 서양인의 외모와 체형과 생활 방식에 맞춰 발전해 온 것입니다. 우리의 한복도 동일한 과정을 통해 만들어진 것입니다. 그래서 서양 사람이 한복을 입으면 어딘지 어색하고 부자연스러운 느낌을 받게 됩니다. 이런 점을 감안할 때 동양인이 서양식 복식을 하고 있는 오늘날의 우리 모습을 서양인의 그것과 비교한다는 것은 처음부터 불공평한 일일 수밖에 없습니다. 서양인의 모습에 맞춰져 있는 기준에 따라 동양인인 우리의 모습을 평가하는 일이기 때문입니다. 한복을 입은 서양인의 모습이 우리의 심미감에 비춰 자연스럽고 아름답게 느껴지기 어렵듯이, 서양식 외양을 갖춘 한국인의 모습도 자연스럽고 아름답게 느껴지기는 힘들 것입니다. 우리는 어떻게 이러한 콤플렉스에서 벗어날 수 있을까요? 그것은 아마도 우리가 우리 문화에 대한 진정한 자부심과 정신적 자존감을 되찾을 때, 언젠가 여러분이 우리의 외모와 체형과 생활 방식에 어울리는 새로운 복식문화를 창조해 낼 때 비로소 가능해질 것입니다.

명품 선호와 주체적인 소비문화

교복이 답답하고 불편하다면 교복을 없애 버리고 그냥 복장을 자유화하면 되지 않을까요? 실은 지금도 교복은 강제 사항이 아닙니다. 교복 자유화는 이미 30여 년 전부터 시행되었답니다. 그런데 왜 다시 교복을 입기 시작한 걸까요? 당시 교복 자유화가 실시되자 학생과 학부모는 모두 환호하며 이를 반겼습니다. 하지만 곧 부작용이 나타나기 시작했습니다. 학생들이 각자 형편에 따라 다양한 옷을 입기 시작했는데 이것이 위화감을 조성한다는 문제가 제기된 것입니다. 이러한 문제점은 지금도 명품이나 유명 브랜드를 의식하는 학생들 사이에서 나타나고 있습니다.

많은 사람은 이른바 명품을 좋아합니다. 명품 가방, 명품 구두를 갖고 싶어 하고, 그런 것을 소유한 사람을 부러워하기도 합니다. 하지만 명품에 별로 관심이 없는 사람도 있습니다. 이런 사람은 대개 명품보다 값싸고 실속 있는 제품을 더 선호합니다. 그것이 훨씬 합리적이라고 생각하기 때문입니다. 명품에 끌리지 않는 사람에게 명품이란 그리 가치 있는 대상이 아닙니다. 이처럼 사물의 가치란 사람의 필요에 의해 생겨나는 것이어서 그 필요의 정도에 따라 상대적일 수밖에 없습니다. 가치를 부여하는 인간, 즉 우리 자신에 의해 달라지는 것일 뿐입니다. 여기서도 우리는 주체적인 자세의 중요성을 알 수 있습니다. 그것은 우리가 바로 가치를 부여하는 주인공이라는 자각입니다. 남들이 추구하는 외면적이고 상대적인 가치에 흔들리기보다 무엇이 더 본질적이고 중요한지를 깨달아 중심이 바로 선 사람, 그래서 분수에 맞는 소박한 의복에도 만족할 줄 아는 사람이 참으로 멋진 사람입니다. 그는 외적인 것에 휘둘리지 않는 의연한 정신의 소유자로서 진정한 품위와 매력을 지닌 사람이기 때문입니다.

음식문화와 윤리

2교시 끝나는 종이 울리면 학생들이 총알같이 달려가는 곳이 어디죠? 네, 바로 매점입니다. "살기 위해 먹느냐, 먹기 위해 사느냐"라는 말도 있지만, 우리에게 먹는 일은 정말 중요한 일이고 또 즐거운 일이기도 합니다. 모든 생물은 먹어야 삽니다. 사람도 살기 위해서는 식사를 하지 않으면 안 됩니다. 그러나 사람이 먹는 일에는 다른 생물이 먹는 것과는 근본적으로 다른 면이 있습니다. 인간의 식사는 생물학적 의미뿐만 아니라 문화적 의미도 함께 지니기 때문입니다. 이러한 의미는 특히 남과 함께 하는 식사에서 두드러집니다.

공동식사의 윤리적 의미

혼자만의 식사는 하나의 생물학적인 기능에 지나지 않지만 남과 함께 나누는 식사는 인간적인 의미를 지닙니다. 한솥밥을 나누어 먹는 사람들은 서로 정을 주고받습니다. 꿈에 그리던 사람과 함께 어느 날 밥을 나누어 먹을 때의 기쁨이란 이 세상에서 천국을 맛보는 것과 같을 것입니다. 그뿐만 아니라 우리는 공동식사를 통해 평범한 일상

다빈치(Leonardo da Vinci)의 〈최후의 만찬〉

의 행복도 맛볼 수 있습니다. 일과 중에 급히 서둘러 끝내는 식사가 아니라 한가할 때, 특히 저녁시간에 가까운 사람끼리 편안한 분위기에서 하는 식사는 모두에게 깊은 공감대를 마련해 줍니다. 오늘 해야 할 일을 마치고 이제 남과 대화할 준비가 되어 있는 우리는 마음 편히 쉬며 '지금' '여기서' 같은 시간을 나누고 있는 것입니다. 여유 있게 음식을 즐기는 가운데 각자는 활기를 띠게 되고 한 사람의 활기가 다른 사람에게 퍼지면서 식사자리는 화기애애한 분위기로 넘쳐 납니다.

사람이 식탁 앞에 모이게 되면 각자는 자연스럽게 마음속에 있는 말을 하게 됩니다. 그래서 식탁에서의 모임이란 서로 마음을 열고 서로 간의 신뢰를 확인하는 자리가 되기도 합니다. 우리는 호감이 가는 사람이 생기면 그를 식사자리에 초대하는데, 이는 음식을 함께 나눔으로써 돈독한 우의友誼를 쌓고 싶기 때문입니다. 예수가 제자들을 불러 함께 식사한 '최후의 만찬'도 이러한 상징적인 의미를 담고 있습니다. 이처럼 함께 하는 식사는 인간의 사회생활에서 중요한 의미를 가집니다.[27]

모든 가정에서의 저녁식사 시간은 축복의 시간입니다. 여기에서 한층 유대감을 더해 주는 것은 부모님이 음식을 나누어 줄 때입니다. 음식을 나누어 준다는 것은 각자의 필요를 해결해 주는 일이자 마음을 써 주는 일로서 서로를 인정하고 의지하는 가족애의 상징입니다. 음식을 나눔에 따라 이는 형제애로 흐르고, 이러한 상호 신뢰와 우애가 바탕이 되어 다른 사회단체도 탄생되고 유지되는 것입니다. 가정의 중대사인 관혼상제冠婚喪祭에서는 으레 잔치가 벌어지고 음식을 나누어 먹게 됩니다. 다른 사람과 음식을 나눔으로써 우리는 우리의 삶을 나눕니다. 식구(먹을 식食, 입 구口)란 공동운명체입니다. 음식을 나누어 먹으면 마음도 나누게 되고 서로 가까워져 하나가 될 수 있습니다.

가족이 함께 나누는 식사는 중요한 가정교육의 장이기도 합니다. 플라톤은 자유인의 교육에서 연회宴會가 반드시 필요한 것이라고 보

27 Edmond Barbotin, *The Humanity of Man*, translated by Matthew J. O'Connell, New York: orbis books, 1975, Chap. 7.

았습니다. 아이가 '식탁에서 제대로 행동하도록' 가르치는 일이 얼마나 힘들고 참을성을 필요로 하는지, 또 얼마나 가슴 아픈 실패를 거듭하게 되는지를 부모는 경험으로 압니다. 이때 부모의 역할이란 아이로 하여금 그의 동물성에서 깨어나도록 하는 일, 즉 본능적 개인주의의 노예인 아이를 하나의 사회적 인간으로 해방시키는 일입니다. 예의범절이란 식사할 때의 올바른 몸가짐과 자세를 취하는 데에서 비롯했다는 말이 있듯이, 식사예절은 인간의 도덕적 삶에서 중요한 의미를 가집니다. 다도茶道(차 마실 때의 예절)와 주도酒道(술 마실 때의 예절)를 포함한 식사예절은 기본적으로 남을 배려하는 일이며 인간의 품위를 드러내는 일이기도 합니다. 그런데 요즘 우리나라에서는 가정에서도 학교에서도 음식점에서도 식사예절이 거의 무시되고 있습니다. 게걸스럽게 먹거나 큰 소리로 떠들면서 먹음으로써 다른 사람을 불쾌하게 만듭니다. 이제부터라도 우리는 가정이나 학교에서 식사예절을 제대로 가르치고 배워야 할 필요가 있습니다.

생명 존중의 음식문화

모든 생명체는 에너지를 필요로 하며 이를 위해 영양을 섭취해야 합니다. 그런데 인간을 포함한 동물은 식물과 달리 이러한 영양을 스스로 만들어 내지 못합니다. 따라서 반드시 다른 생명체를 먹어야만 생명을 유지할 수 있습니다, 다시 말해 다른 생명체를 희생시키지 않고는 살아갈 수 없습니다. 자기가 살기 위해서 똑같이 살고 싶어 하는 다른 생명을 죽일 수밖에 없는 것이 생명체로서의 우리의 운명입니다. 이런 의미에서 우리는 단지 존재한다는 것만으로도 죄를 짓고 있는 셈입니다. 그렇다면 우리는 어떻게 살아야 할까요? 가능한 한 죄를 덜 짓고 사는 것, 즉 살생殺生을 최소화하면서 사는 것이 좋겠지요.

우리가 음식을 먹는 것은 얼핏 영양분이나 칼로리를 섭취하는 것으로 여겨지기 쉽지만, 실은 그 속에 들어 있는 생명력을 먹는 것입니다. 아무리 칼로리가 풍부해도 통조림이나 인스턴트식품은 맛이 덜하고 건강에도 안 좋지만, 신선한 재료로 갓 요리한 음식이 맛이 좋고 건강에도 좋은 것은 바로 생명력이 살아 있기 때문입니다. 따라서 음식은 그 안에 생명력을 품고 있는 것으로서 우리가 결코 함부로 취급할 수 없는 것입니다. 더욱이 그것을 생산하기 위해 생산자가 흘린 땀과 수고를 생각할 때, 우리는 고마운 마음을 가지고 음식을 대하지 않을 수 없습니다. 그런데도 한국인이 쓰레기로 버리는 음식물은 돈으로 따져 1년에 8조 원이 넘는다고 합니다.[28] 음식물 쓰레기로 인한 환경오염의 폐해와 그 막대한 처리 비용은 차치하고라도, 이는 생명에 대한, 그리고 생산자에 대한 무례無禮가 아닐 수 없습니다. 그러므로 음식물을 아낌으로써 생명을 아끼고 자연의 섭리를 따르는 삶을

28 2013년 환경부 조사에 따르면, 하루에 버려지는 음식물 쓰레기의 양은 약 1만 4000톤에 달하고, 그 처리 비용만도 연간 8000억 원에 이른다고 합니다.

살아야 할 것입니다.

우리는 절에서 행해지는 스님들의 발우공양에서 식사예절의 모범을 볼 수 있습니다. 각자의 바리때(나무로 된 식기)에 알맞게 음식을 담고 식사를 같이 시작해서 같이 끝낸 후 앉은 자리에서 바리때를 물로 헹구고 헹군 물을 마신 후 수건으로 잘 닦아 바리때를 보자기에 싸서 제자리에 갖다 놓습니다. 발우공양에서 우리는 과식하지도, 음식을 남기지도 않는 절제의 미덕과 자신의 식사도구를 스스로 챙기고 마무리하는 자율과 청결의 미덕을 찾아볼 수 있습니다. 우리도 일상생

활에서 이러한 미덕이 담긴 식사예절을 실천하도록 노력해야 할 것입니다.[29]

주거문화와 윤리

우리가 친구를 처음 사귀게 되면 흔히 "너는 어디서 살아?"라고 묻습니다. 이는 얼마나 가까운 동네에서 사는지를 묻는 것이기도 하지만 어떤 집에서 사는지를 묻는 것이기도 합니다. 그리고 좀 더 가까워지면 친구를 자기 집에 번갈아 가며 초대하여 놀기도 합니다. 자기가 사는 집을 다른 사람에게 보여 준다는 것은 자기만의 사적私的 공간을 조심스레 공개하는 행동의 하나로서 상대에 대한 친밀감의 표시이기도 합니다.

현대 주거문화의 위기

사람이 산다는 것은 집에서 사는 것을 의미합니다. 그래서 '집 없는homeless 사람'이라는 표현은 버림받은 사람이라는 뜻이기도 합니다. 왜 남녀가 서로 사랑하면 그들만의 오붓한 보금자리를 마련하고 싶어 할까요? 그 이유는 자기들만의 공간에서 외부 세계로부터 방해와

29 진교훈, 『윤리, 사람다움의 길을 찾아서』, 128쪽 참조.

간섭을 받지 않은 채 남 눈치 보지 않고 자유롭게 살고 싶기 때문입니다. 사람은 누구나 자기 집이 크든 작든, 호화롭든 소박하든 사랑하는 사람과 함께 한평생 평화롭게 살고 싶어 합니다.

집이란 인간이 일에 지쳤을 때 다시 원기를 회복하여 새롭게 일을 시작할 수 있게 해 주는, 그래서 자신의 본래 모습으로 돌아갈 수 있게 해 주는 안식처입니다. 그곳은 마치 갓난아기에게 엄마의 품과도 같은 곳입니다. 그렇다면 이러한 집은 어떤 조건을 갖추고 있어야 할까요? 그것은 우선 노동하는 외적인 사회생활 공간과 구분되는 내적인 평화와 휴식의 공간이어야 합니다. 다음으로 집은 외부의 반갑지 않은 침입자로부터 보호되는 안전한 공간이어야 합니다. 원시시대에는 동굴이 그러한 역할을 했는데, 그것이 오늘날과 같은 집의 형태로 발전했다고 합니다.

그런데 오늘날에는 우리 주거문화의 위기를 말하는 목소리가 높습니다. "건축은 각 시대의 사회를 반영한다"는 말처럼, 산업화되고 도시화된 현대 사회에서 우리의 주거문화 역시 거대화된 도시와 대형화된 건축의 영향을 받을 수밖에 없기 때문입니다. 그 대표적인 형태가 바로 아파트입니다. 잘 알다시피 아파트는 4각의 콘크리트 건물로서 지나치게 획일적이고 기능주의적이며 비인간적인 모습을 하고 있습니다. 또 대부분이 사무실인 대도시의 고층빌딩은 고도의 기술로 만들어진 것이지만, 그 차가움과 딱딱함은 우리를 답답하게 합니다.

대도시에 높이 솟아 있는 고층빌딩

이러한 비인간적인 주거 환경은 인간의 삶을 위협합니다. 고층빌딩이나 아파트에 사는 사람들은 익명인 채로 살아갑니다. 그들은 이웃 사람들에게 무관심하며 매우 개인주의적입니다. 대도시의 주택들은 아파트나 연립주택은 물론이고 단독주택까지도 이른바 '잠자는 동네bed-town'가 되어 가고 있습니다. 도시의 근로자들은 대개 아침 일찍 집을 나와 직장에서 종일 일하다가 밤늦게 집에 돌아옵니다. 이들은 가족들과 담소할 여유도 없이, 또 이웃들과 대화할 시간도 없이 잠만 잡니다. 이들은 대도시의 많은 사람들 속에서 살지만 실은 고독하게 삽니다. 그래서 도시에 사는 현대인은 '도시병'으로 신음합니다. 도시병이란 피로와 노이로제, 불안과 강박관념으로 인한 정신신경계통의

병을 의미하는데, 이는 심장병, 심근경색, 위궤양, 알레르기, 천식, 편두통, 습진, 아토피 등으로 나타나기도 합니다.

현대의 주거문화를 위협하는 또 하나의 요인은 집을 '사람이 사는 곳'으로 보기보다 '경제적 투자 가치'로 바라보는 자본주의적 관점입니다. 요즘 사람들 중 일부는 자기와 자기 가족이 함께 살 집을 마련할 때조차도, 집을 사기도 전에 팔 궁리부터 하는가 하면, 부동산 중개업자는 그 집을 사면 얼마만큼의 프리미엄(잉여 이익)을 챙길 수 있을지를 설득합니다. 그래서 사람들은 집이란 언제든 사고팔 수 있는 것으로 여깁니다. 하지만 원래 집은 투기의 수단이나 투자의 수단이 되어서는 안 됩니다. 인간이 인간답게 살 수 있는 최소한의 공간으로서의 집, 내 영혼과 내 가족의 영혼이 쉴 수 있는 최후의 안식처로서의 집은 인간의 기본적 필요에 해당하는 것입니다. 따라서 정의로운 국가라면 국민의 기본적 생존권을 보장해 주는 차원에서 주택정책을 펼쳐야 마땅할 것입니다.[30]

건강한 주거 환경의 중요성

우리가 사는 공간과 우리의 삶은 밀접한 관련이 있습니다. 사람이 어떤 공간에서 오래 살다 보면 그 공간의 지배를 받아 습관도 바뀌고 성품도 바뀌어 갑니다. 이는 좋은 집은 좋은 삶을 만들지만 나쁜 집

30 진교훈, 『현대 사회 윤리 연구』, 149~150쪽 참조.

은 나쁜 삶을 만들 수밖에 없다는 것을 의미합니다. 물론 좋고 나쁨이 호화로움과 소박함에 있는 것은 결코 아닙니다. 오히려 호화로운 집 속에서는 삶의 진실이 가려져서 허황되고 위선적인 삶이 만들어지기 쉬운 반면, 소박한 집에서는 바르고 올곧은 심성이 길러지기가 쉽습니다. 비록 주거 환경이 우리 삶에 미치는 영향은 은근하고 더디지만, 그것은 우리의 삶을 확실히 바꾸면서 우리의 인격을 형성하는 데 결정적인 영향을 미칩니다. 그러므로 자연파괴와 도시의 황폐화가 진행되는 속에서도 우리는 좋은 집을 짓고 훌륭한 주거문화를 재건하는 일에 나서야 합니다. 획일화된 건축문화와 경직된 사고방식에서 벗어나 옛 조상들의 지혜가 담긴 자연친화적인 삶의 방식을 현대적 양식으로 담아낸 창조적인 주거문화를 만들어 내야 합니다.

이제 우리는 창의력을 발휘해 우리 체형에 어울리면서도 전통문화의 향기가 밴 현대적 의상문화를 만들어 내고, 우리 체질에 맞으면서도 전통음식의 지혜가 담긴 현대적 음식문화를 만들어 내며, 우리 풍토에 맞으면서도 전통건축의 지혜가 담긴 현대적 주거문화를 만들어 내야 합니다. 이것은 우리의 꿈이자 희망이며, 자라나는 다음 세대인 여러분에게 맡겨진 사명이기도 합니다.

생각해 볼 문제

1. 다음 글이 우리의 식습관에 던져 주는 교훈은 무엇일까요?

> 시장에 가서 과일 가게 앞을 가지런히 줄 맞춰 쌓아 놓은 탐스런 과일들을 보면 군침이 절로 돈다. 하지만 가게에 진열되어 있는 과일들은 어쩌면 그렇게 상처 하나 없이 매끈하기만 할까 생각해 본 적이 있는가. 어려서 집에 과일나무가 있어 본 사람들이라면 누구나 아무런 상처 없이 깨끗한 과일을 얻기가 얼마나 힘든지 잘 기억할 것이다.
>
> 식물들이 정상적으로 제작하는 '살충제' 중에도 치명적인 것들이 있다. 우리는 그보다 훨씬 엄청난 독으로 과일이나 채소들의 몸매를 예쁘게 가꿔 주고 있다. 벌레 먹은 과일이 더 아름답다는 걸 알아야 한다. 과학 문화 시대에 사는 국민으로서 이 정도의 지식은 습득하여 활용할 수 있어야 한다. 소비자들이 가게에 가서 "벌레 먹은 과일은 없나요?"라고 말하기 시작하면 상인들이 알아서 농민들에게 살충제를 뿌리지 말라고 요구할 것이다. 대구에 미인이 많은 이유가 사과 속의 벌레 덕분이라고 들었다. 못생긴 모과만 맛있는 게 아니다. 과일과 채소의 한쪽 구석에서 먼저 얌전하게 시식해 준 벌레들에게 도리어 고마워할 일이다.
>
> — 최재천, "벌레 먹은 과일 주세요", 제인 구달, 김은영 역, 『희망의 밥상』, 사이언스북스, 2006, 12~13쪽.

2. 다음 글을 읽고, 내게 집이란 어떤 의미를 지니는지 서로 이야기해 봅시다.

집은 나만의 사적 세계이다. 그것은 나의 사적 소유일 뿐만 아니라 내가 자유롭게 거주할 수 있는 공간이다. 따라서 누가 내 허락 없이 내 집에 들어오는 것은 가택침입죄에 해당한다. 나는 내 집 속에서 아무도 알 권리가 없는 내 나름의 삶을 살고, 이웃을 방해하지 않는 한 자유롭게 행동하며, 누구의 간섭도 받지 않고 산다. 나는 내 집에서 모든 가식과 사회적 역할을 벗어 버리고 모든 구속에서 해방되어 먹고 마시고 잠자고 쉬며 여가를 즐긴다. 내 집은 내가 실제 있는 그대로를 드러내는 '진실의 장소'이며 나의 정체가 밝혀지는 장소이다.

— Edmond Barbotin, *The Humanity of Man*, 292~293쪽.

15장

평화와 윤리

대한민국에서 고등학생의 삶은 불안의 연속입니다. 요동치는 내 마음은 언제쯤 평화로울 수 있을까요? 다투었던 가족이나 친구와 화해하면 가능할까요? 내신, 수능 시험이 전부 끝나면? 어느 대학 무슨 과에 들어갈지 확정될 때? 군대를 갔다 오면? 직장을 잡고 돈을 벌 수 있을 때? 결혼을 해서 가정을 꾸리게 되면?

이 모든 것이 순조롭게 이루어진다고 해도 평화가 완전히 보장된다고 쉽게 말할 수 없습니다. 한반도는 종전 상태가 아니니 전쟁의 위협에서 완전히 자유롭지 않습니다. 북한 및 주변 강대국과의 관계는 자주 뉴스에서 보도되고 있습니다. 시야를 조금 더 확대해 보면 내전, 난민, 기아, 지구온난화로 인한 기후 변화 및 물 부족 등 국제적인 문제가 평화를 가로막고 있는 것처럼 보입니다.

심신의 평온은, 우리가 무언가를 성취해 내거나 삶을 대하는 마음 자세가 안정되었을 때 얻을 수 있습니다. 하지만 평화는 단지 개인의 문제 해결로 가능한 게 아니라 국가 및 전 세계와도 연결되어 있습니다. 이번 장에서는 진정한 평화란 무엇인지, 평화를 얻기 위한 방법에는 무엇이 있는지, 혹시 전쟁이 평화를 달성하기 위한 수단으로 사용될 수 있는지에 대해서 고민해 봅시다.

평화란 무엇일까?

평화를 정의하기 전에 평화와 반대되는 말을 떠올려 봅시다. 싸움, 분쟁, 범죄, 내전, 전쟁, 테러 등이 있습니다. 이러한 물리적 폭력이 없으면 평화롭다고 말할 수 있겠지요. 평화롭지 않은 교실 상황을 상상해 봅시다. 지갑에 들어 있던 돈이 사라지고 욕설이 난무하며 신체적 폭행이 하루가 멀다 하고 일어나는 교실. 우리는 이런 교실 속에서 평화롭게 공부하며 인간관계를 맺기는 어려울 것입니다.

그런데 위에 언급된 일이 모두 일어나지 않는다고 해서 평화로운 교실이라고 말하기에는 충분하지 않은 듯합니다. 가령 눈에 보이는 신체적 폭행은 없어도 담임선생님이 비민주적으로 학급을 운영하여 학생 자치 활동의 기회가 박탈된다면? 손을 들고 자신의 생각을 자유롭게 말하고 싶지만 몇몇 힘센 학생이 주도한 학급의 분위기가 허락하지 않는다면? 다르다는 이유로 은연중 차별과 따돌림을 당하는 일이 발생한다면? 물리적 폭력이 발생하지 않는다 하더라도 이런 교실은 평화로운 교실이 아닙니다.

갈퉁: 소극적 평화를 넘어 적극적 평화로

평화학자 요한 갈퉁은 평화를 물리적 폭력을 벗어나는 것으로 국한하지 않고 그 범위를 확장했습니다. 갈퉁은 국제평화연구소를 창설한 노르웨이의 평화학자입니다. 그는 신체적인 아픔을 유발하는 폭력이나 전쟁이 없는 상태를 '소극적 평화'로 정의합니다. 그런데 우리가 성취해야 할 평화는 조금 더 나아갑니다. 인간의 기본적 권리와 욕구를 실현시켜 주는 '적극적 평화'까지지요. 인간이라면 누구나 차별받지 않고 평등하고 자유로우며 인간답게 살 수 있는 사회, 그리고 억압, 공포, 독재, 인종차별 및 성차별, 경제적 불평등과 빈곤, 실업, 질병, 환경오염에서 벗어나 삶의 질을 보장받고 향유하는 사회의 구성원으로 살아갈 수 있도록 적극적 평화까지 달성해야 한다고 갈퉁은 주장합니다.

요한 갈퉁(Johan Galtung)

적극적 평화는 한 개인과 한 국가만 노력한다고 해서 이루어지는 것이 아닙니다. 지금도 지구촌 어느 곳에서는 기아 때문에 영양실조에 걸린 아이들이 죽어 가고 있고, 누군가는 독재 정권하에서 마음 졸이며 살고 있습니다. 전 세계인의 관심이 합쳐져야 모든 사람이 인간답게 살 수 있을 것입니다. 아래는 평화롭지 못한 세계의 상황을 상징하는 둠스데이 시계에 관한 기사입니다. 매년 둠스데이 시계가 가리키는 시각을 발표하는 이유는 무엇인지, 둠스데이 시곗바늘이 자정에서 멀어지게 하기 위한 방안, 즉 평화를 얻기 위해 개인이나 각 나라가 어떠한 노력을 해야 할지에 대해 생각해 봅시다.

미국 핵과학자회보는 이날 2016년의 '둠스데이 시계Doomsday Clock' 시침과 분침을 자정 2분 30초 전인 11시 57분 30초를 가리키도록 했다. 인류 파멸을 자정으로 상정한 상징적인 시계다. 지난 2014~2015년 11시 57분보다 최후의 순간에 30초 가까워졌다. 특히 미국과 소련이 수소폭탄 실험을 최초로 시행한 1953년에 11시 58분을 기록한 이후 가장 자정에 가까운 시간이다. 핵과학자회보는 성명을 통해 사이버 테러 위협, 민족주의 급부상 등과 함께 도널드 트럼프 미국 대통령을 핵무기 사용과 기후변화 위험 요소로 언급하면서 "현실을 반영한 조정"이라고 밝혔다. 또 고도화하는 기술과 함께 어두워지는 세계 안보 환경, 점차 확산하는 과학적 전문성 경시 풍조 등을 지적했다.

—'종말의 날'까지 불과 2분 30초 … 63년 만에 최근접, 《뉴시스》, 2017. 1. 27.

국제 관계를 바라보는 두 가지 틀, 현실주의 대 이상주의

여기 지구본이 있습니다. 대한민국의 지리적 위치와 주변국을 떠올려 봅시다. 북쪽에는 분단으로 인해 갈라진 북한, 오른쪽에는 일본, 조금 더 올라가면 중국과 러시아, 그리고 동남아시아, 중앙아시아 및 유럽의 국가들, 아프리카, 북남미 등 전 세계에는 약 200여 개국이 있다고 하죠. 한국은 이렇게 많은 나라와 어떠한 관계를 맺고 있나요? 각 나라가 평화를 유지하고 있다면 서로를 어떻게 대하고 있는 것일까요?

현실주의

국제 관계를 바라보는 관점은 크게 현실주의와 이상주의로 분류할 수 있습니다. '현실주의'란, 이름처럼 약육강식의 현실 세계를 떠올리면 됩니다. 각각의 국가로 이루어진 세계는 정글과 다름없습니다. 힘이 강하면 우위를 차지하고 힘이 약하면 도태되는 겁니다. 그러니 자국의 힘은 크면 클수록 좋습니다. 우리가 힘이 강하면 타국이 함부로 넘볼 수 없습니다. 우리가 부강하면 본국의 이익을 계속해서 유지할 수 있고 이득을 얻을 기회가 생기면 재빨리 차지할 수 있습니다. 국력은 곧 군사력, 무력이며 경제력, 정보 기술력, 인력입니다. 이렇듯 현실주의적 관점에서 개별 국가는 자국의 안보와 이익을 최우선으로

합니다.

현실주의적 국제 정세는 '무정부 상태'로 비유됩니다. 그런데 여기서 무정부 상태를 국가나 정부가 없는 것으로 오해하면 안 됩니다. 자국의 이득을 위해 독립적으로 움직이는 개별 국가는 존재합니다. 단, 개별 국가 위에서 군림할 수 있는 강제적인 권위체는 없습니다. 그러니까 국가 위에 또 다른 강력한 힘을 가진 제도나 기관이 있지 않고, 오로지 개별 단위의 국가가 서로의 이익을 위해 경쟁하고 있다고 보면 됩니다.

모든 국가가 자국의 이익에 혈안이 되어 있으니 우리도 당하지 않기 위해서는 전략을 잘 세워야 합니다. 먼저 자국의 힘을 키우기 위해 군비를 증가시켜야겠지요. 또한 주변 국가의 움직임을 잘 예측할 수 있어야 하고, 주변국과의 협상 시 국익에 손해가 가지 않도록 카드를 잘 내밀어야 합니다. 힘이 부족해 자력 생존이 어려우면 다른 나라와 동맹을 맺어야 합니다.

그렇다면 현실주의에서는 서로 물고 뜯는 상황이니 평화란 달성될 수 없는 것일까요? 물론 자국에게 이득이 된다면 타국을 침략할 수 있고 전쟁을 일으킬 수도 있겠지요. 그렇지만 현실주의라고 해서 무조건 전쟁을 옹호하는 것은 아닙니다. 전쟁을 일으켰다가 주변 동맹국들에게서 비난이나 공격, 혹은 제재를 받는다면 더 골치 아플 수 있습니다. 오히려 괜한 분란을 일으키기보다 평화를 유지하는 것이 자국의 실리를 위한 지름길일 수 있습니다. 따라서 현실주의에서 평화란 각국의 힘의 균형 상태입니다.

이상주의

그렇지만 모든 관계가 자국의 이익에만 기초해 있다고 보기에는 충분치 않은 면도 있습니다. 인간 본성을 이기심만으로 정의할 수 없듯이, 국제 정치에도 선과 도덕의 영역이 존재한다는 것이지요. 가령 국가 간 갈등이 생긴다고 할지라도 이성적인 대화나 합리적인 법과 제도를 통해 슬기롭게 해결할 수 있습니다. 이와 같이 국제 정세를 보는 관점을 '이상주의'라고 합니다.

이상주의에서 보는 국제 관계는 이름대로 '이상적'입니다. 이상주의는 칸트의 『영원한 평화를 위하여』[31]를 통해 배울 수 있습니다. 이 책은 현실에서 진행되고 있는 국제 관계를 묘사하는 것이 아니라 세계의 평화를 위한 당위를 요청합니다. 칸트에게 있어 전 세계의 지속적이고 영원한 평화를 가져오는 것은 마땅히 따라야 할 도덕적 의무입니다. 항구적인 평화는 세 가지 확정 조항을 지켜야 가능합니다.

국가 간의 영원한 평화를 위한 확정 조항

제1의 확정 조항: 모든 국가의 시민적 정치 체제는 공화정 체제여야

31 임마누엘 칸트, 이한구 역, 『영원한 평화를 위하여』, 서광사, 1992, 23~40쪽 참조.

한다.

제2의 확정 조항: 국제법은 자유로운 국가들의 연방 체제에 기초하지 않으면 안 된다.

제3의 확정 조항: 세계 시민법은 보편적 우호의 조건들에 국한되어야 한다.

세 가지 확정 조항은 모두 법에 의거한 삶을 전제로 합니다. 칸트는 한 국가 안에서는 시민법을 통해 모든 사람이 자유를 누릴 수 있다고 봅니다. 법의 테두리 안에 있는 삶은 타인에게 해를 끼치지 않는 한 누구나 법 안에서 평등한 자유를 누릴 수 있고 안전을 보장받을 수 있습니다. 마찬가지로 국가 간의 관계에서도 국제법, 그리고 보편 시민에게 적용되는 세계 시민법의 영역 속에서 영구한 평화가 유지될 수 있다는 것입니다.

전 세계의 영구 평화를 위한 첫 번째 확정 조항은 한 국가 내의 체제가 반드시 공화정이어야 한다는 것입니다. 공화정의 반대는 전제정입니다. 전제정은 한 개인의 독단적 명령으로 국가가 움직이는 것입니다. 그러나 공화정은 입법부와 행정(집행)부가 분리되어 시민을 대표하는 사람들로 구성되어 있습니다. 공화정 체제에서는 시민의 동의를 거쳐야 하므로 전쟁이 일어나기 어려울 것입니다. 본인의 신체나 재산의 피해를 감수하면서 전쟁에 찬성하기는 힘들기 때문입니다.

영원한 평화를 지속시키기 위한 두 번째 확정 조항은 각 국가 간의 질서를 위해 국제 연맹을 맺는 겁니다. 국가는 서로가 평화를 지킨다는 계약으로 평화 연맹을 창설하고, 국가 간에 지켜야 할 규범을 국제법으로 명시하자는 것입니다. 그러나 국제법은 개별 국가에게 가하는 물리적 강제력이 아니라 자율적 의무에 따르는 것입니다. 여기서 평화를 위한 연맹이란 여러 국가를 한꺼번에 지배할 수 있는 통일된 세계 국가나 세계 공화국을 만들자는 주장이 아니라는 점을 유의하시기 바랍니다.

영구 평화를 위한 마지막 확정 조항은 모든 사람은 세계 시민으로서 세계 시민법의 보호를 받아야 한다는 것입니다. 구체적인 내용은 '한 이방인이 낯선 땅에 도착했을 때 적으로 간주되지 않을 권리'인 우호를 뜻합니다.[32] 지구상에 있는 모든 사람은 지구라는 세계의 시민이기 때문입니다. 칸트는 모든 사람이 평등하게 세계 시민으로 대우받는다면 평화가 영원히 지속될 수 있을 것으로 보았습니다.

정의로운 전쟁은 가능할까?

전쟁에서 '정의'를 논할 수 있을까요? 앞에서 살펴본 현실주의와 이상주의가 전쟁과 도덕을 어떻게 결부시키는지 생각해 봅시다. 현실

32 임마누엘 칸트, 이한구 역, 『영원한 평화를 위하여』, 36쪽.

주의 입장에서 전쟁은 도덕적 판단에 의해 좌우되는 것이 아니라 자국의 이익에 부합하느냐 마느냐의 문제입니다. 칸트의 이상주의 입장에서는 영구 평화가 의무에 해당하니 전쟁은 정의로울 수 없습니다. 그렇다고 해서 현실 세계 곳곳에서 민간인을 상대로 무차별적으로 자행되는 테러를 그냥 두고 볼 수도 없습니다. 오히려 테러를 일으키는 집단을 정의롭지 못하다고 비난하고, 전쟁을 통해 그들을 제압할 수 있다면 그것이 더 정의롭다고 볼 수 있지 않을까요?

왈저는 『정의로운 전쟁과 부정의한 전쟁』에서 어떤 조건하에는 정당한 전쟁이 가능하다는 논변을 펼쳐 주목을 받았습니다. 왈저는 극단적인 폭력과 테러 앞에서 아무것도 하지 않는 자세가 오히려 정의롭지 못하다고 주장합니다. 즉 '극도의 책임감' 아래 이루어지는 '제한적인' 전쟁은 정의롭다고 칭할 수 있습니다. 그렇다면 그가 말하는 까다로운 조건은 무엇일까요?

물론 정의로운 전쟁에 대한 논의는 왈저에 의해 가장 먼저 시작된 것은 아닙니다. 예를 들어 서양 중세의 십자군 전쟁이 과연 성지 탈환을 위한 성스럽고 정의로운 전쟁인가에 대해 당시에도 논쟁이 있었던 것처럼요.

정의로운 전쟁의 요건

전쟁 개시의 정의(Jus ad Bellum)

전쟁 수행의 정의(Jus in Bello)

전쟁 종결의 정의(Jus post Bellum)

전쟁 개시 전에 전쟁이 정의로울 수 있는 요건은 정당한 명분입니다. 적국의 침략에 대한 방어전, 아직 침략하지 않았으나 명백하고 즉각적인 침략의 위협이 있을 경우, 독립에 대한 정당성을 갖춘 다민족 국가의 분리독립 운동, 국제법을 실현하기 위해 내전, 인권 유린, 대규모 학살에 개입하는 것 등은 전쟁이 정당화될 수 있는 요건에 해당합니다.

끝내 전쟁이 일어나게 되었을 경우, 전쟁 수행 중에 지켜야 할 정의로운 전쟁의 조건은 다음과 같습니다. 민간인에 대한 직접적인 무력 사용이 금지되어야 하고, 전쟁 수행자는 좋은 의도를 가지고 있어야 하며, 피해가 이득보다 커서는 안 됩니다.

정의로운 전쟁이 되기 위해서는 전쟁이 끝난 후에도 고려해야 할 것이 있습니다. 전쟁에 대한 책임이 있는 전범戰犯들을 처벌해야 하며, 전쟁 이전의 상태로 돌아갈 수 있도록 복구에 힘써야 합니다. '복구, 배상, 철수, 강화조약, 비무장, 무기 통제, 전범 재판, 정권 혹은 체제 전복, 침략국의 영토에 대한 한시적 점령' 등의 문제가 모두 전쟁 종결 후에도 논의되어야 정의로운 전쟁으로 불릴 수 있습니다.[33]

이번 시간에는 평화와 윤리를 주제로 공부했습니다. 평화에 대한 정의를 갈등의 분류에 따라 소극적 평화와 적극적 평화로 나누어 보

33 박정순, "마이클 왈쩌의 정의전쟁론", 철학연구회 엮음, 『정의로운 전쟁은 가능한가』, 철학과현실사, 2006 참고.

았지요. 그리고 국제 관계를 바라보는 관점인 현실주의와 이상주의를 비교해 보았습니다. 각각의 입장이 평화를 어떻게 달성할 수 있다고 보는지에 대한 근거도 살펴보았습니다. 마지막으로 평화를 목적으로 벌어지는 '제한적인 전쟁'은 정의로울 수 있다고 주장하는 왈저의 입장을 알아보았습니다. 그리고 정의로운 전쟁이 되기 위해 갖춰야 할 요건도 살펴보았습니다.

평화를 주제로 이야기하려고 했는데 역설적으로 폭력과 전쟁 사례가 더 많이 등장한 것 같군요. 평화롭지 못한 상황은 평화에 대한 열망을 더욱 강렬하게 불러일으킵니다. 전쟁은 많은 사람을 죽고 다치게 하며 황폐화시킨다는 것을 인류는 역사적으로 경험했습니다. 제1차 세계대전으로 약 1000만 명, 제2차 세계대전으로 약 5500만 명이 사망했습니다. 우리나라도 6.25전쟁의 참사를 겪었지요. 불과 몇십 년 전의 일임에도 그 당시의 사진을 보면 참혹하기 이를 데 없습니다. 폭력과 전쟁이 주는 교훈을 잊지 않을 때 비로소 평화가 시작될 수 있을 것입니다.

생각해 볼 문제

1. 아래의 글에 등장하는 테러리스트의 변명(또는 항변)에 대해 어떻게 생각하나요?

테러리즘에 대한 가장 흔한 변명은 그것이 최후의 수단이며, 다른 모든 방법이 실패했을 때에만 선택된다는 것이다. 말 그대로 선택이 바닥난 사람들을 상상하면 된다. 한 가지씩 차례대로 그들은 정치적·군사적인 행위의 모든 정당한 형태들을 시도했고, 모든 가능성이 고갈되었으며, 도처에서 실패해서 테러리즘의 악행을 제외하고는 어떤 대안도 남지 않게 되었다. 그들은 테러리스트가 되지 않으면 아무것도 할 수 없다. … 두 번째 변명은 기성의 강력한 국가에 대항하는 민족해방 운동을 위해 고안되었다. 이제는 다른 무엇도 가능하지 않다는, 테러리즘을 제외한 다른 모든 전략은 유효하지 않다는 주장이다.

— 마이클 왈저, 유홍림 외 역, 「테러리즘」, 『전쟁과 정의』, 인간사랑, 2009, 85~87쪽.

2. 다음 글을 통해 묵자가 주장하는 '의義'와 '불의不義'가 무엇인지 비교해 보고, 그가 비판하고자 하는 것이 무엇인지 말해 봅시다.

한 사람을 죽였으면 그것은 불의이며 반드시 한 번 죽을죄를 지었다고 말한다. 이런 식으로 말해 나간다면 열 사람을 죽였으면 열 배 무거운 불의이며 반드시 열 번 죽을죄를 지었고, 백 사람을 죽였으면 백 배 무거운 불의이며 백 번 죽어 마땅한 죄를 지었다고 해야 한다. 이 같은 이치에 대해 천하의 군자들은 다 알고 비난하면서 불의라고 말하고 있다. 그런데 지금 더 크게 불의를 행하여 남의 나라를 공격하면 그 잘못을 알지 못하고, 오히려 그것을 따르고 기리며 의롭다고 칭송한다면 진정으로 불의를 모른다고 해야 할 것이다.

– 기세춘 역저, 「비공 상」, 『묵자』, 바이북스, 2009.

청소년을 위한
생활과 윤리